Nueva Edición

El **Poderío** de ser **Prosumidor**

Los **Productores**
ganan dinero

Los **Consumidores**
gastan dinero

Los **Prosumidores**
ganan dinero
al gastarlo

¡Cómo crear riqueza siendo más sabio,
no buscando lo más barato,
y ayudando a otros a hacer lo mismo!

Bill Quain, Ph.D.

El Poderío de Ser Prosumidor
por Bill Quain, Ph.D.

Traducido de la obra en inglés:
Prosumer Power II! (Final Revised Edition) by Bill Quain, Ph.D.
por Ana Hernández Newman

Copyright ©2008 Revised Edition
Original Copyright ©2000 by Bill Quain & Steve Price

ISBN: 978-1937094-01-0
Impreso en EEUU
Nueva edición (español) - junio, 2011

Publicado por
Editorial Renuevo LLC
www.EditorialRenuevo.com
info@EditorialRenuevo.com

A mi esposa, Jeanne, y mis dos hijas, Amanda y Kathlene:

«Lo que hago, lo hago por nosotros.»

Con cariño,
Papá

DEL ESCRITORIO DE BILL QUAIN, Ph.D.

¡Si quieres tener MÁS, tienes que pensar como una TIENDA!

La revista **Fortune** llama al nuevo milenio *«La Era del Consumidor,»* y es por una buena razón. Tiendas gigantes de descuento y sitios de comercio electrónico en la Internet pueden vender productos y servicios más barato que sus competidores, permitiendo así al consumidor «ahorrar» cientos de dólares cada año.

Espere un momento — ¿Están los consumidores realmente ahorrando cuando compran con descuento? O, ¿están gastando hasta volverse pobres, mientras que los grandes minoristas están acumulando grandes ganancias?

La verdad es que si tú compras un artículo de $100 con el 40% de descuento, tú no estás ahorrando $40, tú estás gastando $60. Cuando tú tomas $60 de tu patrimonio neto para comprar un artículo, tú no solamente pierdes $60, tú pierdes la oportunidad de invertir esos $60 y ganar más dinero con el tiempo. Es por eso que consumir representa una fuga de tu patrimonio neto — en definitiva, el consumir resta en lugar de agregar.

La mayoría de los consumidores nunca van a construir seguridad financiera porque sus cerebros han sido lavados con toda clase de propaganda para que compren productos y servicios que con el tiempo pierden su valor. Pensar como consumidor es gastar dinero, lo cual conduce a la disminución de bienes y por ende, a la disminución de sueños.

Por otro lado, los almacenes gigantes que venden a los consumidores productos con descuentos son productores de riqueza, acumulando ganancias para ellos y sus accionistas. Pensar como productor es invertir dinero con la idea de ganar más dinero y construir patrimonio, esta es la clave para la creación de riqueza.

Solía ser que tú tenías que ser uno o el otro: Ya sea productor o consumidor y ninguno de los dos se conocen. Sin embargo, el pensamiento *prosumidor* reúne a «la mente compradora» de los consumidores con «la mente lucrativa» de los productores.

Todos tenemos que consumir, de eso ni hablar. Pero no tenemos que conformarnos con ser únicamente consumidores, ya que eso hará que acabemos en la pobreza. Al cambiar nuestro pensamiento a pensamiento prosumidor, tenemos la oportunidad de ganar dinero y también gastarlo. Por eso digo: «Si quieres tener dinero, piensa como una tienda.» Piénselo. Al final del día, ¿Quién tiene más, la persona que COMPRA en la tienda o el DUEÑO de la tienda? Obviamente el dueño.

Prosumir abre la puerta para que los consumidores disfruten de lo mejor de dos mundos — consumir los productos y servicios que desean y necesitan y al mismo tiempo posicionarse como productores de ingresos recomendando estos productos y servicios a otros individuos.

Wal-Mart no te ofrece a ti la oportunidad de convertirte en un productor, ¿o sí? K-Mart tampoco lo hace...ni ningún otro «Mart» por si acaso. En las tiendas de descuento, no importa qué tan barato tú compres los artículos, tú NUNCA GANAS DINERO, tú solamente GASTAS DINERO. A eso me refiero cuando digo que ser «prosumidor» no significa ser tacaño sino inteligente.

Prosumir es simplemente el concepto que está revolucionando la manera en la que la gente compra y trabaja. Cuando tú cambias tu manera de pensar y tus hábitos de consumidor a corto plazo por prosumidor a largo plazo, tú puedes transformar tu vida y forma de vivir.

Bill Quain, Ph.D.

El PODERÍO de ser PROSUMIDOR

RECONOCIMIENTOS

Como la mayoría de mis libros, éste me tomó dos años. Durante este tiempo el manuscrito fue sometido a muchos cambios. Como ser humano, al inicio me rehusé a hacer algunos cambios, pero al final, estos cambios mejoraron el producto final. Estoy muy agradecido con algunas personas especiales por su apoyo, creatividad, paciencia y atención a los detalles que fueron un instrumento para llevar este libro desde su concepción hasta su final.

Primero que todo, quiero agradecer al personal de la editorial INTI Publishing por su tremenda contribución al producto final. Muchas gracias a Steve Price por su incansable trabajo en el libro. Desde el principio, Steve tuvo la visión para el libro, añadiendo ideas estupendas; ideas que ayudaron a darle forma al libro.

Muchísimas gracias a Katherine Glover y Burke Hedges por mantenernos a Steve y a mí en el camino correcto. Las muchas reuniones de ediciones que se llevaron acabo, sacaron como resultado lo mejor de cada uno de nosotros y mejoraron en gran manera el manuscrito final.

Como siempre, un agradecimiento especial a mi esposa, Jeanne y a mi madre, Kay Quain por sus pequeñas y grandes contribuciones.

Por último, un agradecimiento especial a mi estimada asistente, Janet Soto, por su gran ayuda en el manejo de muchas tareas, que de otro modo me hubieran impedido completar este libro.

A todos ustedes dirijo mi más sincero agradecimiento. No hubiera podido hacerlo sin ustedes.

CONTENIDO

INTRODUCCIÓN

UNA PARÁBOLA MODERNA:
Prosumir vs. Grandes descuentos

Un error común es creer que tú tienes que trabajar más para ganar más. Al final, tus ingresos aumentarán cuando tú cambies tu manera de pensar – en lugar de cambiar tus actividades.

Brian Kolslow

autor de **365 Maneras para llegar a ser millonario**

Me gustaría empezar con la historia de Stan, un tendero en un pequeño pueblo del Medio Oeste quien con su sagacidad, se impuso sobre un par de almacenes de grandes descuentos que amenazaban con forzarle a la quiebra. La historia va de la siguiente manera:

Stan era dueño y manejaba LA TIENDA DE STAN, el almacén principal que era la pieza central de la calle principal. Stan se ganaba la vida para sí y su familia. En todo el sentido de la palabra, él se lo merecía ya que era amado y respetado en todo el pueblo.

Un día, Stan escuchó serruchos y martillazos en ambos lados de su almacén. En un plazo de dos meses, dos tiendas de descuentos abrieron sus puertas, una en cada lado de su almacén. Las dos nuevas tiendas de descuentos tenían amplios pasillos, pantallas coloridas y vendían la misma clase de mercancía que Stan vendía en su almacén — pero a precios más bajos.

El día de apertura, el almacén que estaba al lado izquierdo de LA TIENDA DE STAN mostraba un gigantesco rótulo de neón en la parte superior de la puerta:

**CADENA GIGANTE
TIENDA DE DESCUENTO**
¡Los precios más bajos!

El siguiente día, la tienda que estaba al lado derecho del almacén LA TIENDA DE STAN respondió con un enorme letrero superior de la puerta que decía:

**COMPRE POR MAYOREO
SUPER TIENDA DE DESCUENTOS**
¡Los precios más bajos de la ciudad!

No tomó mucho tiempo para que corriera la voz de que los precios eran más bajos en las nuevas tiendas de descuento. No tardó mucho tiempo para que LA TIENDA DE STAN fuera reducido a nada. Stan miró con un sentido de impotencia de como amigos y clientes de mucho tiempo pasaban al frente de su almacén a comprar y aprovechar las ofertas. Los saludaba mientras éstos entraban a una de las nuevas tiendas...luego a la otra... comparando precios para «ahorrar» $1 por cada bolsa de detergente ó $10 en la compra de un reproductor de DVD.

Stan sabía que tenía que hacer algunos cambios drásticos lo más pronto posible porque de lo contrario estaba perdido. Lo más obvio era bajar los precios y así poder competir con ambas tiendas. Pero eso sería suicidio financiero. LA TIENDA DE STAN nunca podría comprar productos a precios tan baratos como una cadena de almacenes de descuento con un millar de tiendas.

«¡Tiene que haber otra manera!» pensó Stan.

El nacimiento de la Revolución Prosumidor

Un día entró un antiguo cliente a LA TIENDA DE STAN, miró alrededor y exclamó «Uy, esta no es la tienda que estaba buscando. Esta es LA TIENDA DE STAN.» El antiguo cliente se dio la vuelta y se dirigió hacia la puerta. ¡Esta es LA TIENDA DE STAN! ¡Esta es LA TIENDA DE STAN! Esas palabras no dejaban de resonar en la cabeza del comerciante.

«Esta es LA TIENDA DE STAN! Esta es LA TIENDA DE STAN!» Estas palabras seguían resonando en la mente del tendero.

«La gente piensa que esta tienda me pertenece,» pensó Stan. «Los clientes no ven esta tiende como suya. Ellos piensan que la tienda es MÍA. ¿Y si empiezo a ver a mis clientes como afiliados del negocio en lugar de verlos sólo como clientes? ¿Y si mis nuevos afiliados pudieran ganar dinero y construir equidad mientras hacen sus compras aquí? Entonces no sería MÍ tienda, sino más bien NUESTRA tienda, porque todos tendríamos un interés común en incrementar las ventas. Si hago cambios como esos, supongo que estos nuevos dueños de negocio introducirían nuevos clientes, quienes cambiarían sus hábitos de compra a nuestra tienda y animarían a otros a hacer lo mismo.»

Este era un concepto revolucionario, pero Stan entendió que los tiempos de desesperación obligan a uno a tomar medidas de desesperación. El reunió a todos los empleados y les pidió que le ayudaran a rediseñar su negocio para que los clientes empezaran a pensar y actuar como socios en esta nueva aventura. A los empleados les encantó la idea y comenzaron a cooperar con grandiosas ideas para este nuevo y revolucionario modelo de negocio.

«Empecemos por animar a nuestros clientes a que se conviertan en afiliados ayudándoles a crear su propia empresa basada en referencias,» sugirió uno de los empleados.

«¿Qué tal si les pagamos bonos mensualmente basados en el volumen de red de referencias que ellos mismos generen?» intervino el gerente del almacén.

«Gastamos una gran cantidad de dinero en publicidad,» comentó uno de los empleados más antiguos. «¿Y si paramos de gastar en anuncios y comerciales caros y empezamos a hacer uso de la forma más poderosa de publicidad — mercadeo de referencia — de un cliente satisfecho a otro cliente satisfecho? Entonces podríamos usar el dinero que ahorramos en publicidad para pagar a los nuevos socios por redireccionar el tráfico a nuestra tienda.»

«Cambiemos el nombre de la tienda a TIENDA MÁS ya que la gente que compra aquí puede hacer MÁS que *gastar* dinero, ellos pueden además ganar dinero por hacer mercadeo-de-palabra.»

En el término de una semana, Stan había reestructurado totalmente LA TIENDA DE STAN. Ya no era SU tienda. Stan todavía almacenaba la mercadería, pero la tienda compartía una porción de sus ingresos con sus nuevos afiliados, cada uno de ellos era dueño y operaba su propio negocio desde su casa. Stan y sus empleados celebraron el hecho de que el viejo LA TIENDA DE STAN fue reemplazado por un nuevo rótulo que decía:

TIENDA MÁS
*Donde la compra sabia
es mejor que la compra barata*

5

Un final feliz a la historia de Stan

El nuevo y atrevido modelo del negocio de Stan's resultó ser más exitoso de lo que él había soñado. Más gente estaba encantada con el concepto de afiliación y en pocos meses, el negocio explotó.

Veinticinco años después, el rótulo «TIENDA MÁS» subió de categoría. La compañía en el Medio Oeste ha evolucionado de una pequeña tienda al por menor, a cientos de mega-distribuidores por todas partes del mundo.

Durante esos veinticinco años, cientos de miles de negocios basados en referencia de Stan descubrieron que ellos podían suplementar sus ingresos con varios cientos de dólares al mes con sólo referir a sus conocidos a TIENDA MÁS. Miles de los más afiliados más ambiciosos de TIENDA MÁS se pudieron «jubilar» de sus trabajos tradicionales y ganar un ingreso sólido mediante la edificación de su propio negocio basado en las referencias. Y cientos de los afiliados que trabajaron más duro se convirtieron en millonarios mediante la construcción de grandes organizaciones de consumidores y afiliados de TIENDA MÁS.

Ah, seguramente hubo gente que le dijo al Stan que su nuevo negocio no iba a funcionar. Era demasiado 'radical.' Demasiado diferente. Pero Stan persiguió su sueño de ayudar a otros a ganar dinero y así éstos también perseguían sus sueños. Afortunadamente para miles de los afiliados exitosos de TIENDA MÁS, el sueño de Stan, venció a esos pesimistas y en menos de 25 años TIENDA MÁS evolucionó y se convirtió en uno de las más grandes compañias privadas de Norte América.

Hoy Stan está jubilado y vive en Florida. Sus cuatro hijos operan Your Store International, Inc., (Tu Tienda Internacional) empresa reconocida por Fortuna 500 con varios millones de afiliados por todo el mundo.

Y el futuro parece más brillante que nunca para los hijos de Stan que están llevando la compañía a un nivel completamente nuevo con MoreStore. com (Tienda Más), una compañía online que le paga a sus afiliados para que hagan compras de manera más sabia, no más barata.

El lanzamiento de la Revolución Prosumidor

La parábola de Stan vs. las tiendas grandes de descuentos enseña una gran lección a cada persona que piensa que 'ahorrar' dinero comprando algo con descuento.

La verdad es, tú no 'ahorras' dinero cuando compras algo con descuento. Sí, tú gastas menos cuando compras con descuento. Pero gastas de todos modos. Y gastar, es restar de tu cuenta de banco.

¡TIENE QUE HABER OTRA FORMA!

Afortunadamente, hay otra forma. Yo la llamo 'prosumir.' Y es una manera comprobada en que ¡tú puedes posicionarte para producir y no tan solamente consumir, riqueza! No es un error de imprenta. Sólo para probarte que tus ojos no te están jugando una mala pasada, lo escribiré nuevamente y esta vez, en letras mayúsculas.

¡TÚ PUEDES POSICIONARTE PARA PRODUCIR Y NO TAN SOLAMENTE CONSUMIR, RIQUEZA!

En otras palabras, la gente que piensa de manera más sabia y no más barata — y luego persuade y enseña a otros a hacer lo mismo — se convierte en prosumidor, capaz de GANAR dinero, así como también GASTAR dinero en productos y servicios que millones de familias quieren y necesitan.

Cuando tú cambias tu manera de pensar de consumidor a prosumidor, cosas asombrosas empiezan a pasar — comienzas a *agregar* a tu cuenta de banco en lugar de *restar*.

Por eso es que te digo: «Si tú quieres tener más, tú tienes que pensar como una tienda.» Una vez tú entiendas el poder del concepto de 'TIENDA MÁS,' tú estarás a punto de crear más riqueza para ti y tu familia.

El pensamiento prosumidor cambió la vida y la cuenta bancaria de Stan, así como también las vidas de millones de personas alrededor del mundo.

Puede hacer lo mismo por ti.

PRIMERA PARTE

Mentalidad de prosumidor

Cuando tú compras, aunque sea con descuento, tú sólo RESTAS dinero de tu cuenta de banco. Cuando tú prosumes, AGREGAS a tu cuenta de banco. Puesto que cada uno tiene que comprar ciertos productos y servicios para el hogar, ¿no tiene más sentido ponerse en una posición de GANAR dinero recomendando los mismos productos y servicios y así ganar dinero en lugar de sólo GASTAR?

El PODERÍO de ser PROSUMIDOR

1

POR QUÉ DEBES TÚ SER PARTE DE LA REVOLUCIÓN DE LOS PROSUMIDORES

Benjamín Franklin puede haber sido quien descubrió la electricidad —pero fue el hombre que inventó el medidor de luz el que ganó mucho dinero.

Earl Wilson
Syndicated newspaper columnist

La palabra prosumidor es una combinación de las palabras productor y consumidor. Los productores *ganan* dinero. Los consumidores *gastan* dinero. Los prosumidores hacen ambas cosas.

Prosumidor es un concepto que ha sido usado alrededor del mundo por muchos años y una millonada de gente que lo entiende y se lo está enseñando a otros, esta ganando fortunas.

Argumentando a favor de "Patrimonio de ventas al por menor"

El que prosume aprovecha las ventajas del «patrimonio de ventas al por menor» una frase inventada por el Dr. Steve Price para describir los productos y servicios comprados en las tiendas al por menor. En su Best Seller *Household Gold*, (La mina de oro en el hogar) el Dr. Price plantea esta pregunta a sus lectores: «Lo más probable es que tú seas dueño de tu casa, pero ¿quién es el dueño de la Mina de Oro de tu hogar?»

Dr. Price argumenta que así como las casas representan patrimonio, los hogares también representan patrimonio. Patrimonio en bienes y raíces se calcula restando el saldo de la hipoteca del valor de la casa en el mercado. Si tú compraste una casa por el valor de $100,000 y la vendiste por $200,000, el patrimonio representado en bienes y raíces sería $100,000.

De la misma manera, si Wal-Mart adquiere x artículos de fabricación por $10 y los vende al consumidor por $20, la transacción del «patrimonio por ventas al por menor» es de $10. Ahora compara $10 con $100,000, y no parece gran cosa ¿o si?

Pero recuerda, estamos hablando solamente un artículo, x artículo. En cada casa es necesario comprar docenas de cosas que son esenciales cada mes, todos los meses — suplementos vitamínicos, maquillaje, champú, detergente, bocadillos saludables, bebidas energéticas etcétera. Estos artículos, aparentemente pequeños, pueden llegar a sumar bastante, meses por aquí, meses por allá llegan a sumar una enorme cantidad de dinero. ¡ENORME!

Echemos un vistazo a las matemáticas

El hogar promedio en los Estados Unidos gasta $770 al mes en artículos y servicios para el hogar, que significa un total de $9,250 al año. Hay 120 millones de hogares en EE.UU. solamente. Multiplique $9,250 por 120 millones y obtiene una cifra asombrosa de $1.1 billones al año que son gastados en bienes y servicios. Y eso es solamente en los Estados Unidos, lo cual es sólo el 4% de la población de mundo. Mundialmente, los hogares gastan más de $7 billones en bienes y servicios cada año.

Considerando que $7 billones es aproximadamente el 70% de toda la economía de EE.UU. — eso te dice que el patrimonio de ventas al por menor tiene el potencial de crear enormes cantidades de riqueza para una enorme cantidad de personas.

Dr. Price lo resume de la siguiente manera: «Cuando la gente compra en tiendas al por menor, éstas están permitiendo que personas extrañas tomen dinero de sus hogares y de sus ganancias. ¿Qué están ellos haciendo? Tú no invitarías a un banquero a minar la Mina de Oro de tu casa ¿o si? Por supuesto que no. Entonces, ¿por qué estas permitiendo que minoristas minen la Mina de Oro de tu casa para crear ganancias? ¿Por qué no te colocas tú en esa posición y minas tú el oro de tu hogar? ¡No hacerlo es una locura!»

Prosumir: Jugándole la vuelta a los minoristas

El concepto de prosumir ofrece a la gente común la oportunidad de gastar y al mismo tiempo ganar dinero en el negocio de ventas al por menor. Cuando tú compras en una tienda al por menor, la única opción para ti es ser el consumidor. Tú te llevas el producto y la tienda al por menor se queda con el dinero. Fin de la historia.

Pero como prosumidor, tú tienes dos opciones. Tú puedes actuar como consumidor, gastando dinero por los bienes y servicios que tú quieres y necesitas. Y también puedes actuar como productor, ganando dinero en bonos por los productos y servicios que las personas de tu red de referencias compran.

Porque la única opción disponible para ti en una tienda tradicional al por menor es gastar tus ingresos, bueno, por supuesto tú vas a estar motivado a buscar el precio más bajo. En este caso, tiene sentido comprar más barato siempre que sea posible.

Cuando, prosumes amplías tus opciones, incluyendo ganar dinero. Por lo tanto, como productor, tú estás actuando sabiamente porque estás abriendo la posibilidad de sumar en lugar restar a tu cuenta de banco.

Cuando tú produces, tú puedes obtener el producto y ganar en un mismo lugar. No hay nada mejor que eso, ¿verdad?

Prosumidor – Cómo los ricos se hacen más ricos

Los ricos siempre han entendido el poder de ser

prosumidor. En su Best Seller «*The Millionaire Next Door*» (El millonario de al lado), el autor hace un listado de las estrategias clave que la mayoría de los millonarios usan para acumular riqueza. Asombrosamente, estas estrategias son tan simples y poderosas que cualquiera que las pone en práctica puede aumentar su riqueza dramáticamente.

Según *The Millionaire Next Door*, los millonarios entienden la diferencia entre invertir (dinero que aumenta) y gastar (dinero que se esfuma). Los millonarios compran bienes que aumentan de valor, tales como acciones de calidad en lugar de pasivos que pierden su valor con el tiempo, tales como muebles caros. Los millonarios son dueños de sus negocios o son socios de capital en las compañías donde ellos trabajan. Los millonarios son dueños de sus casas. Los millonarios retrasar la gratificación a corto plazo por la seguridad financiera a largo plazo. En pocas palabras, los millonarios buscan oportunidades para ganar dinero, más que la gente común, que en su mayoría buscan oportunidades para gastar dinero. Los millonarios son inteligentes, no necios.

El camino hacia la libertad financiera permite virar en 'U'.

El millonario J. Paul Getty dijo una vez que «Si tú quieres volverte rico, sólo encuentra a alguien que esté ganando mucho dinero y haz lo que él esta haciendo.»

Bueno, las personas ricas son prosumidoras. Éstas tienen más porque piensan como dueños de la tienda no como clientes, y como consecuencia, actúan de esa manera. Así que si tú quieres lo que los millonarios tienen, tienes que hacer lo que los millonarios hacen. Y los millonarios prosumen en lugar de consumir. Es así de simple.

¿Y tú? ¿Eres tú un «millonario» de al lado? ¿O estás trabajando muy duro solamente para mantenerte a flote? Si tú estás trabajando duro, no estás solo. Según un estudio de las Naciones Unidas, los americanos trabajan más horas que cualquier otra nación industrializada — incluyendo los japoneses obsesionados por el trabajo.

Desafortunadamente, trabajar largas horas no necesariamente equivale a crear más riqueza. Un reciente estudio de *USA Today* reportó que la mitad de los americanos tienen menos de $2,500 en ahorros y cuando se les preguntó a los trabajadores cuánto tiempo les tomaría para retrasarse en sus pagos de facturas si perdían su trabajo, el 54% respondió «tres meses o menos.»

La buena noticia es que nunca es demasiado tarde para que la gente adopte estrategias que pueden cambiar sus vidas. Como en la tira cómica «*The Family Circus*» (El circo de la familia) por Bill Keane titulado «*Grandma´s Advice*» (El consejo de la abuela) la abuela está rodeada de sus cuatro nietos pequeños quienes escuchan con atención cada palabra. Su consejo mantiene su validez hoy en día: «Si alguna vez en la vida tú te diriges por el camino equivocado, recuerda que el camino al cielo te permite virar en 'U'.»

El consejo de la abuela da justo en el clavo — nunca es tarde para cambiar nuestro comportamiento. Su sabio consejo se aplica a las finanzas así como también a la salvación.

¿Hacia qué dirección te diriges?

Si tú te has estado dirigiendo por el camino financiero equivocado porque has estado pensando como consumidor en lugar de pensar como prosumidor, no es demasiado tarde para virar en 'U'.

Si tú estás yendo en la dirección equivocada en el camino de la libertad financiera, lo más probable es que ¡no sabías que existía otro camino! ¡Tú sólo estabas siguiendo a la multitud! Como la mayoría de la gente, compraste el plan equivocado — el plan del consumidor. Y los únicos que se están enriqueciendo con los planes del consumidor son los dueños de las tiendas.

Por eso es que te digo que si tú quieres tener más, tú tienes que pensar como una tienda. Mira, no hay ley que diga que sólo las tiendas pueden comercializar productos y obtener beneficios. Si éstas pueden hacerlo, tú también puedes hacerlo. Todo lo que necesitas es entender cómo funciona el prosumismo.

El primer paso para virar en 'U' de ser un consumidor a un prosumidor es que abras tu mente a nuevo conceptos. Como dice mi amigo Burke Hedges «Tu mente es como una paracaídas. Solamente funciona cuando está abierta.»

Tú tienes que abrir tu mente, así podrás reemplazar tu vieja manera de pensar de consumidor con la nueva manera de pensar de prosumidor. Cuando tú haces esto, empezarás a dirigirte a una dirección financiera diferente — la misma dirección a donde los «millonarios de al lado» se están dirigiendo.

Tal vez no sea la dirección más popular.

Pero es la dirección que yo quiero tomar.

¿Y tú?

2

CAMBIA TU MANERA DE PENSAR Y
CAMBIARÁS TU VIDA

Pensar es actuar.

-Ralph Waldo Emerson

A mediados de 1990, la compañía de computadoras Apple estaba al borde de la bancarrota. Steve Jobs revitalizó la compañía a finales de los noventa mediante la introducción de una computadora avanzada que él nombró «iMac».

La campaña publicitaria para iMac era tan creativa y productiva como la computadora misma. Los anuncios mostraban fotografías blanco y negro de los más grandes pensadores e innovadores del siglo, tales como Albert Einstein, Mohandas Gandhi y Amelia Earhart entre otros. Este sencillo eslogan estaba al pie de cada foto:
PIENSA DIFERENTE.

¿Por qué «pensar diferente?»

«PIENSA DIFERENTE.» Este no ha sido siempre un buen consejo. En el tiempo de Galileo, pensar diferente te hubiera llevado a ser quemado en la hoguera.

Pero hoy en día es imprescindible que la gente aprenda a desafiar la sabiduría convencional y pensar diferente. Apoyándose en la sabiduría convencional tú no vas a conseguir nada más que resultados convencionales. Dado el hecho que casi la mitad de los trabajadores convencionales, con trabajos convencionales, ganan menos de $30,000 al año y tienen una deuda de $5,000 ó más en su tarjeta de crédito, ¿quién quiere esa clase de resultados convencionales?

Los grandes pensadores son diferentes. Ellos no caen en la trampa de pensar y actuar como la mayoría. Ellos son «Llaneros Solitarios.» Ellos rompen con la mentalidad de la «manada.» Son los «Llaneros Solitarios» que descubren nuevos caminos y abren nuevas fronteras. Henry Ford era un «Llanero Solitario.» El fallecido Sam Walton, fundador de Wal-Mart era un «Llanero Solitario» Jeff Bezos, fundador de Amazon.com y una docena más de millonarios de la Internet son «Llaneros Solitarios.»

Literalmente, vale la pena PENSAR DIFERENTE.

Trabajos y descuentos: PENSANDO LO MISMO

¿Qué pasa con la gran mayoría de la gente...esas personas que PIENSAN LO MISMO...en lugar de PENSAR DIFERENTE? ¿Cómo producen riqueza?

La mayoría de la gente que piensa lo mismo en cuanto a producir riqueza consigue trabajo. Esa es la manera más obvia de producir riqueza. ¿o no? Cuando la gente que tiene trabajo quiere producir más riqueza, busca un ascenso. O buscan un trabajo donde le paguen más. O trabajan horas extras. O consiguen un segundo trabajo, o incluso un tercer trabajo.

Tal vez cambien de trabajo, pero no cambian su manera de pensar. Ellos PIENSAN LO MISMO. Por eso es que hoy, los americanos trabajan más horas que cualquier otra nación. La mayoría de la gente piensa lo mismo cuando se trata de hacer compras. Ellos han sido enseñados que la mejor forma de «ahorrar» dinero es comprar cosas con descuento o en oferta. Comprar en las tiendas de descuento se ha convertido en una obsesión nacional y más y más los compradores buscan «ahorrar» mediante compras baratas pero no inteligentes. Sea testigo del crecimiento dramático de grandes tiendas de descuento tales como: Wal-Mart...K-Mart...The Home Depot...Costco...y otras tiendas similares.

Los consumidores están poniéndose en la fila en las tiendas de descuento y navegando en el sitio web más reciente tratando de «ahorrar» dinero comprando cosas más baratas. Pero ellos sólo se están engañando a sí mismos. Tú no puedes «ahorrar» dinero comprando, no importa el precio que pagues porque el dinero está saliendo, no entrando.

Tú no puedes «AHORRAR» comprando con «DESCUENTO»

Las personas que PIENSAN LO MISMO y tratan

de producir riqueza en un trabajo o «ahorrar» comprando cosas con descuento, se asemejan al hombre que perdió las llaves de su carro una noche ya muy tarde. El hombre se paseaba frenéticamente para adelante y para atrás bajo la luz brillante de una lámpara tratando de encontrar su llaves.

Varios extraños se detuvieron y le ofrecieron ayuda. En poco tiempo había 10 personas bajo el poste de luz rastreando cada milímetro de la calle. Pero no encontraban las llaves.

¿Estás seguro que las botaste bajo la luz de la calle? Le preguntó uno de los extraños. «No,» respondió el hombre. De hecho, las boté en ese callejón oscuro detrás de nosotros. Pero decidí buscarlas bajo la lámpara de esta calle porque la luz es mucho mejor.

Así son las personas — éstas buscan producir más riqueza donde se puede ver mejor, en los lugares viejos y familiares — en sus trabajos y con el dinero que «ahorran» comprando con descuentos.

¡HOLA-A-A-A! Si tú estás buscando producir una cantidad considerable de riqueza por medio del trabajo o comprando productos y servicios con descuento, ¡tú estás buscando en los lugares equivocados! Se entiende que no hay nada malo en tener un trabajo. Yo he tenido muchos trabajos durante años, incluyendo mi trabajo como catedrático de universidad. Pero yo jamás he contado únicamente con un trabajo para ser libre financieramente.

De la misma manera, yo no creo poder ahorrar dinero comprando con descuentos. La verdad es que los descuentos no fueron diseñados para crear riqueza para los consumidores mediante el «ahorro» de dinero. Los descuentos fueron creados para crear riqueza para los dueños de las tiendas quienes quitan dinero a los consumidores.

No me malinterpretes — yo no estoy diciendo que tú debes pagar el precio total de la venta cuando tú puedes comprar la misma cosa con descuento. Eso sería una tontería. Los descuentos son buenos para los consumidores, de eso no hay duda. A todos nos encantan las ofertas, incluyendo los millonarios.

Pero no te engañes a ti mismo pensando que estás «ahorrando» cuando compras con descuento. Cuando tú consumes productos, tú no estás agregando a tu cuenta de banco, tú estás restando de tu cuenta. Tú estás gastando, no ahorrando.

Como he dicho antes, comprar más barato no está diseñado para generar ingresos. La gente que trata de enfocarse en la acumulación de bienes comprando barato está buscando bajo la luz de la lámpara de la calle, no porque éste sea el mejor lugar para buscar, sino porque la iluminación sea mejor. Ellos están enfocando su atención y basándose en acciones en una serie de suposiciones equivocadas. Ellos están enfocando su atención el lo incorrecto — ellos se están enfocando en los «egresos» antes que en los ingresos.

El peligro de enfocarse en lo equivocado

Enfocarse en lo equivocado es más fácil de lo que tú piensas. Nos sucede todo el tiempo. Aquí está una pequeña prueba para ver si tú te estás enfocando en lo equivocado:

Instrucciones: *Usando un lápiz, traza una ruta rápida de INICIO a FINAL del laberinto. Calcula el tiempo para ver cuánto tiempo te toma.*

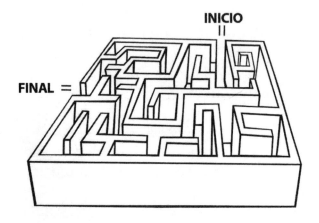

(Concepto tomado de Escape From the Maze *de James Higgins)*

Laberinto

¿Ya terminaste? ¿Cuánto tiempo te tomó solucionar este problema? Si tú eres como la mayoría de gente, trazar la línea a través del confuso laberinto te tomó de 30 segundos a 2 minutos.

¿Te sorprendería saber que algunas personas pueden resolver el mismo laberinto en menos de un segundo? ¿Cómo? Ellos trazan una línea curveada alrededor del laberinto o trazan una línea recta desde el INICIO hasta el FINAL a través del laberinto. Tú puedes reclamar, «¡Eso es contra las reglas!»

Pero ve de nuevo las instrucciones. No dice que tú tienes que permanecer dentro de las líneas...o incluso dentro del propio laberinto. La mayoría de gente traza una línea torcida a través del laberinto porque son víctimas del pensamiento tradicional. Ellos han trazado líneas a través de laberintos antes por lo que asumen que tienen que hacer lo mismo con éste. Como resultado, las personas que piensan de la manera tradicional, gastan más tiempo y esfuerzo resolviendo el laberinto esto es porque se están enfocando en lo equivocado — ellos se están enfocando en las vueltas y curvas del laberinto en lugar de enfocarse en las instrucciones.

Si tú caíste en la trampa del pensamiento tradicional, tú también te enfocaste en lo equivocado y te perdiste la ruta más corta del principio hasta el fin. Por otro lado, los pensadores no tradicionales se programan a sí mismos para cambiar su enfoque. Ellos buscan los atajos. Ellos buscan soluciones creativas. Ellos buscan nuevas...mejores...y maneras no tradicionales de resolver problemas. En otras palabras, se obligan a sí mismos a ¡PENSAR DIFERENTE! Y cuando pensamos diferente, nos ponemos en la posición de obtener resultados diferentes.

Piensa como una tienda

Si tú eres como la mayoría de las personas, tú estás siguiendo el pensamiento tradicional cuando vas de compras. Tú estás pensando como consumidor.

La sabiduría tradicional nos dice que las tiendas producen riqueza mediante la venta de cosas. La sabiduría tradicional nos dice que consumimos nuestra riqueza mediante la compra de artículos de las tiendas. La sabiduría convencional nos dice que las tiendas se hacen ricas. Nosotros empobrecemos. Y que así son las cosas.

¡Un momento! ¡Quítate los lentes de la sabiduría tradicional y ve de nuevo las instrucciones! ¿Dónde está escrito que tú tienes que pensar y actuar como consumidor? ¿Dónde está escrito que tú tienes que trazar la línea e ir ascendiendo a través del laberinto de la tienda, comprando cosas mientras avanzas? (A propósito, ¿te has dado cuenta que los pasillos de los supermercados parecen un laberinto? ¿Es eso una coincidencia? Piénsalo...)

«¡PIENSA DIFERENTE!» digo yo.

Tú puedes chocar con el laberinto de la tienda. O pudes jugarle la vuelta al laberinto de la tienda. Tú puedes dejar de pensar como consumidor y empezar a pensar como productor. Tú puedes empezar a pensar como el dueño del negocio en lugar de pensar como un empleado. Tú puedes pensar como la tienda y colocarse en una posición para producir riqueza tan fácil como pensar como consumidor y consumir riqueza. En otras palabras, tú puedes comenzar a pensar como un prosumidor en lugar de pensar como consumidor.

El primer paso para PENSAR DIFERENTE es quitarse el sombrero de consumidor...y ponerse el sombrero de productor. Ese cambio tan sencillo de pensamiento es lo que separa los que tienen y los que no tienen. Al rico del pobre. A los pensadores deseosos de los «cumplidores de metas.» «Si tú quieres tener más, tienes que pensar como una tienda.»

¿Eres tú un Papá Rico?... ¿O un Papá Pobre?

Papá Rico, Papá Pobre es un libro maravilloso que ilustra claramente a lo que quiero llegar. El autor, Robert Kiyosaki, creció con «dos papás.» «El papá pobre» era su padre biológico, un profesional educado que le enseñó que el pensamiento tradicional era la manera de volverse rico: «Ve a la universidad...trabaja duro...gana dinero... asciende la escalera en una corporación» fue el consejo del papá pobre.

El «papá rico» de Kiyosaki era el papá de un amigo que animó a su hijo y a Kiyosaki a no trabajar por dinero, sino dejar que el dinero trabaje para él. La filosofía del papá rico era sorpresivamente simple: La clave para hacerse rico es entender la diferencia entre activos y pasivos.

«Un activo pone dinero en tus bolsillos» les enseño el papá rico. «Un pasivo saca dinero de tus bolsillos. Los ricos adquieren activos. Los pobres y los de clase media, adquieren pasivos, pero ellos piensan que son activos.»

En otras palabras, la mayoría de la gente piensa que está «ahorrando» dinero cuando compra con descuentos, pero lo que realmente está haciendo es adquiriendo otro pasivo. ¡PIENSA DIFERENTE!

¿Qué ves cuándo vas de compras?

Hay una vieja expresión es español que resume como nuestros pensamiento afectan nuestra perspectiva de la vida. «Cuando un ratero se encuentra con un sacerdote, todo lo que ve son bolsillos.»

¿No es una gran expresión? Ilustra como nuestros pensamientos pintan la manera en que vemos el mundo. Los rateros piensan en una sola cosa – robar lo que la gente lleva en sus bolsillos. Antes que los rateros cambien su conducta, ellos tienen que cambiar su manera de pensar. ¿Qué piensas tú que pasaría si el ratero «pensara diferente» y viera el mundo desde el punto de vista del sacerdote? Su vida tomaría un giro de 180 grados. ¿O no?

El mismo fenómeno se aplica a los consumidores – ellos ven el mundo como un lugar para gastar dinero en lugar de verlo como un lugar para producir dinero. Cuando los consumidores visitan un lugar de grandes descuento o un sito de web, todo lo que ven son productos en los que pueden gastar dinero. Pero ¿qué pasa cuando el consumidor ve esos productos desde el punto de vista de la tienda? Ellos comienzan a ver activos en lugar de pasivos. Y ellos empiezan a hacer la transición de papás pobres (y mamás)...y papás ricos (y mamás).

Si tú continúas pensando como un consumidor, buscando «ahorrar» dinero comprando todo con descuento, ¡lo único que vas a terminar descontando son tus sueños! Cuando tú te enfocas en hacer compras con descuentos, tú terminas con un garaje lleno de cosas que has comprado al 40% de descuento. Dos años más tarde, cuando decides deshacerte de todo tu desorden, tienes suerte si obtienes un centavo de dólar en la venta de garaje. Tal vez hayas «ahorrado» 40% a corto plazo, pero a largo plazo, ¡tú has descontado sus sueños al 100% porque ya no puedes costearlos!

Amigo ¡es el momento para que Tú también piense diferente! ¡Es tiempo de que pienses como una tienda...así TÚ podrás tener más!

SEGUNDA PARTE

Prosumir en el Nuevo Milenio

Hoy más que nunca, la Internet hace que sea más fácil para los consumidores gastar dinero.

Es por eso que es indispensable que la gente empiece a pensar como productores en lugar de pensar como consumidores.

Mediante la compra on-line y la recomendación a otra gente a que haga lo mismo, quienes están a favor de los consumidores pueden tener la influencia y el poder de la Internet para crear más ingresos en lugar crear más egresos.

LA INTERNET ES EL «KING KONG» DEL COMERCIO – Y AÚN ES SÓLO UN BEBÉ

En el mundo de hoy, cada compañía será una compañía de Internet – de lo contrario no serán compañías ¡y punto!

-Andy Crove

gerente, Intel

¿Has visto alguna vez una de esas viajas películas de monstruos en blanco y negro de los años 50s en la televisión nocturna — como por ejemplo: La Tarántula...El Hombre Increíble...y Godzilla?

Los monstruos cambian en cada película pero la trama es básicamente la misma. Una bomba atómica va a explotar en algún lugar en la Tierra soltará una nube en forma de hongo con materiales radioactivos en el aire. Cuando la nube descienda, los materiales radioactivos causarán que todo sufra una mutación y crezca 1,000 veces más de su tamaño normal.

La Internet: Es más extraña que la ficción.

Esas viejas películas de «ciencia y ficción» de los años 50s eran muy entretenidas, pero la verdad es que eran más ficción que ciencia. Hoy, solamente 50 años después, vivimos en un mundo que es lo opuesto, ¡la ciencia es más extraña que la ficción!

No, nosotros no tenemos nubes radiactivas ni monstruos mutantes amenazando al mundo. Pero sí tenemos una nube electrónica envolviendo la tierra, mutando millones de computadoras en un solo organismo vivo que está rodeando rápidamente el globo terráqueo. Nosotros le llamamos a este «monstruo» de alta tecnología la Internet.

El monstruo de la Internet ya es enorme — ¡y todavía es sólo un bebé! Piensa en lo siguiente: cerca de mil millones, de los seis billones de personas tienen acceso a la Internet — eso es una de cada seis personas y en algún momento, no muy lejano el mundo entero estará conectado en la red. Un billón de personas alrededor del mundo, separados por la distancia, pero conectados por medio de una superautopista electrónica — mil millones de personas que están a punto de hacer un clic y comunicarse con...comprar de....y venderse cosas entre ellos. En la próxima década un billón se duplicará a dos. ¡En efecto, ciencia y ficción!

¿A qué se debe tanto alboroto?

Hace unos años atrás, cuando apenas empezaba yo a usar la Internet, un amigo mío la describió como «tecnología en busca de un propósito.» En aquel momento, yo pensé que él estaba en lo correcto. Ya no pienso de esa manera. Hoy pienso de la Internet lo mismo que la gente de negocios piensa del Fax – «¿Cómo pude vivir sin ella?» Si la Internet no fuera otra cosa que una forma de mandar correo electrónico, se catalogaría como uno de los grandes inventos de la historia. ¡Pero es mucho más!

La Internet es una biblioteca. Una guía telefónica. Un periódico. Una sala de vídeo juegos. Un agente de viajes. Un museo. Un banco. Un corredor de bolsa. Una galería de arte. Una enciclopedia. Una oficina virtual. Un álbum de fotografías. Una tienda de música. Una sala de reuniones. Un comité de acción política. Una oficina de correos. Una sala de correo. Un concesionario de autos. Una librería. Un centro comercial gigante. Bueno, se entiende la idea.

Cualquiera de estas funciones justificaría su existencia. Pero es todas estas cosas al mismo tiempo, ¡Y MÁS! La Internet ya está cambiando drásticamente la manera en que vivimos y trabajamos.

La Era del Consumidor

La función de la que más se habla en la Internet es el comercio electrónico, que es compra y venta de productos y servicios en la Internet. La revista *Fortune* llama el comercio electrónico, el mayo auge de consumidores desde la introducción de las tiendas por departamento en el umbral del siglo 20. *Fortune* continúa diciendo que gracias a la Internet, el nuevo milenio será la «era del consumidor.»

El comercio electrónico ya es un negocio GRANDE y todavía es un bebé. Un escritor financiero compara la evolución de la Internet a un juego de baseball. En este momento, la Internet sólo está empezando a tomar prácticas de bateo antes del juego. El juego de las 9 entradas y todavía no ha empezado.

Los pronósticos indican que el comercio electrónico está ganando dinero a manos llenas, pero que LAS GRANDES SUMAS DE DINERO NO HAN SIDO HECHAS TODAVÍA. Tal y como se indica en la gráfica.

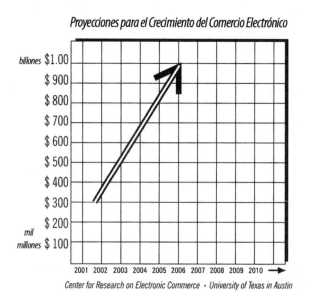

Proyecciones para el Crecimiento del Comercio Electrónico

Center for Research on Electronic Commerce · University of Texas in Austin

¿Por qué es el comercio electrónico es una bendición para los consumidores? Por dos razones: conveniencia y precios bajos. Tomemos un momento para analizar cada uno de éstos.

Ciertamente, comprar por Internet es conveniente. No existe ningún argumento al respecto. No tiendas llenas de gente. No embotellamientos. No largas colas para pagar. Las tiendas están abiertas 24 horas al día, 7 días a la semana, 365 del año. Y tu pedido es entregado en la puerta de tu casa. No hay nada más conveniente.

En cuanto a precios más bajos – bueno, ¡los consumidores están definitivamente en el asiento del conductor de Internet! Esta es la razón: por su naturaleza, la Internet es rápida, extensa y eficiente. Es mucho más barato abrir y operar una tienda cibernética que construir y operar una tienda tradicional.

Además, los sitios de comercio electrónico eliminan en intermediario y esos ahorros le benefician al consumidor. El resultado es la Era del Consumidor — o por lo menos así parece.

¿La Era del Consumidor?... ¿O la Era del Productor?

Ponte por un momento tu gorra para pensar. Al final del día, ¿Para qué son todos estos sitios de comercio electrónico? Para obtener ganancia, ¿correcto? A primera vista tal vez parece que te están haciendo un favor vendiéndote mercancía con descuento.

¡Pero lo que perece la Era del Consumidor es mas bien la Era del Productor! Veamos, en la Era del Productor, los consumidores pagan bajos precios a corto plazo. Pero a largo plazo, son los productores los que salen adelante porque ellos están creando más activo mientras que los consumidores están creando más pasivo. Es un círculo sin fin – los productores ganan dinero mientras que los consumidores gastar dinero. Los productores enriquecen mientras que los consumidores empobrecen. ¿Y cuál es el problema?

¡El casino siempre gana!

Steve Wynn, gerente general de Wynn Resorts en Las Vegas sabe algunas cosas acerca de los productores y los consumidores. Wynn ha trabajado en la Industria de los Juegos de Azar durante cuatro décadas y durante este tiempo, sus casinos han producido miles de millones de dólares para los dueños y los inversionistas.

Cuando un reportero le preguntó a Wynn cuál juego de azar le ofrecía las mejores probabilidades de ganar en el casino, Wynn sonrió y respondió: Si quiere ganar dinero en el casino, sea dueño de uno. ¿Por qué? Porque todas las probabilidades están a favor de la casa. Como resultado, el casino siempre va a producir riqueza mientras que los jugadores siempre van a consumir riqueza.

El consejo sabio de Wynn se aplica no sólo a la gente que juega en los casinos sino también a cada consumidor. ¡Si quiere ganar dinero en la tienda, sea dueño de una! La personas se dicen a sí mismas que ellas pueden «ahorrar» dinero cuando compran cosas en oferta o con descuento, al igual que los jugadores se dicen a sí mismos que pueden ganar dinero jugando póker o tirando dados. Pero al final, sólo se están engañando a sí mismos.

No importa si el consumidor compra con descuento u on-line...ya sea que compren al precio de costo o a un precio más bajo...nunca serán capaces de avanzar en el camino de la riqueza... ¡NUNCA! ¡Los consumidores están haciendo a los productores más ricos! Por definición, consumir significa que el dinero sale en lugar de entrar. Si tú piensas que los casinos tienen las probabilidades a su favor, ¿qué pasa con las tiendas? ¡Éstas SIEMPRE ganan!

¿Quieres ser el gorila o la banano?

No hace mucho tiempo estaba leyendo un boletín de inversiones, el cuál hacía referencia a los productores como «gorilas» y a los consumidores como «bananos.» Esta analogía representa una imagen gráfica. ¿No es así? Ahora yo te pregunto a ti, ¿Qué prefieres ser — el gorila o el banano? ¿La persona que está GANANDO el dinero? ¿O la persona que está GASTANDO el dinero?

La verdad es que los consumidores son los bananos y las tiendas son los gorilas. Los gorilas necesitan bananos para sobrevivir. Así que los gorilas acuden a todo tipo de trucos y esquemas (ellos le llaman mercadeo) para atraer más bananos. Ofrecer grandes descuentos es su «truco» favorito. Y los bananos caen en la trampa una y otra vez. Ellos hacen línea para ser comidos por los gorilas, ¿Quién engorda más y está más feliz?

Mientras tanto, los bananos adelgazan y se frustran más y más. Ellos están colgados de los árboles tratando de entender ¿por qué no pueden salir adelante en la vida? En ese momento el gorila grita «¡Es más barato comprar aquí!» y los bananos se emocionan, saltan de los árboles y hacen línea para ser comidos de nuevo.

¡Levántate y huele el café!
¡Atención, todos los consumidores! Tenemos un aviso para todos ustedes:

¡Su plan de consumo no está funcionando!

Tú has sido entrenado a creer que ahorras dinero cuando compras con descuento, pero lo que tú estás realmente haciendo es comprando pasivo en lugar de activos...trabajando largas horas para poder comprar más mercancía con descuento...y acumulando saldos en la tarjeta de crédito a una taza de 20% — más interés, de manera que tú puedas seguir manteniendo a los productores gordos y felices.

¡Despierten consumidores! ¡Ustedes han comprado el plan equivocado! ¿Y adivinen quién le vendió ese plan? – Así es, ¡los productores! Cuando tú comparad el plan de Los Productores con el plan de Los Consumidores, es fácil ver por qué los productores quieren que las cosas sigan igual. La siguiente tabla cuenta la historia:

Plan de CONSUMIDOR	Plan de PRODUCTOR
1.- Gastar dinero	1.- Ganar dinero
2.- Tener empleo	2.- Ser dueño de empresa
3.- Salario limitado	3.- Potencial ingreso ilimitado
4.- Endeudado	4.- Financieramente libre
5.- Mentalidad anticuada	5.- Mentalidad actualizada
6.- Incremento en PASIVOS	6.- Incremento en ACTIVOS
7.- Ahorros a corto plazo	7.- Riqueza a largo plazo

La aparición del comercio electrónico sólo agranda estos dos planes. Los consumidores por Internet están emocionados porque gastar por ser más fácil y más barato que nunca. Y los productores de la Internet están emocionados porque saben que pueden crecer y engordar sin ningún esfuerzo.

De hecho, la Internet ha generado una nueva generación de productores — ¡el «King Kong» del comercio! Como los monstruos en las películas blanco y negro de ciencia y ficción, la nube electrónica ha descendido sobre el gorila bebé de la Internet mutándolo de manera que éste pueda crecer más rápido y ser mucho más grande que ningún otro gorila que haya vivido antes. En cuanto a los bananos, están cada vez más pequeños mientras que el King Kong es cada vez más grande — ¡Y todavía es sólo un bebé! ¿Qué debe hacer un consumidor?

La ventaja de los productores

Los productores disfrutan de muchas ventajas en la vida mientras que los consumidores se pierden estas ventajas. Nos guste o no, el dinero tiene sus privilegios. Como consumidor, hazte las siguientes preguntas:

¿No sería genial vivir donde tú quieres vivir?... ¿en lugar de vivir donde tú puedes pagar? Los productores viven con gran estilo, donde ellos quieren vivir. ¿Y tú?

¿No sería genial comprar un carro nuevo y lujoso en efectivo cada año?... ¿En lugar de tener que comprar un carro usado con financiamiento de cinco años?

¿No sería genial enviar a tus hijos a una universidad de primera categoría?... ¿En lugar de tenerlos viviendo en casa mientras estudian en un colegio universitario local?

¿No sería genial «retirarte» de tu trabajo y disfrutar una libertad financiera a la edad de 35 ó 45 años?...en lugar de retirarte a los 65 años y vivir de una pequeña pensión mensual del Seguro Social.

La verdad es que los productores pueden escoger como vivir, mientras que los consumidores tienen un estilo de vida que otros han escogido para ellos. Así que yo te pregunto ¿Cuál de éstos te gustaría ser? ¿Un productor próspero o un consumidor con pocos recursos?

Aquí está el resultado final: Si tú quieres tener lo que los productores tienen...y vivir como los productores viven...tú tienes que comenzar a pensar y actuar como piensan y actúan los productores.

La desventaja de convertirse en un productor

La pregunta es, «¿Cómo me convierto en un gran productor de riqueza?» Hay un par de maneras de hacer esto. La primera es hacer lo que el .001% de la población hace, empezar tu propio negocio de alto rendimiento empezando de cero. Tú puedes hacerlo. Sam Walton de Wal-Mart lo hizo. Y así también cientos de hombres y mujeres legendarios.

Pero seamos realistas, por cada Sam Walton, hay millones de consumidores promedios en este mundo. Las posibilidades de que tú o yo fundemos una cadena de tiendas de descuento alrededor del mundo (o crear la próxima amazon.com en la Internet) es de una en millones. Se necesitan millones de dólares...ambición sin límites...y una inteligencia poco común, para hacer lo que estos hombres han hecho.

La verdad es que tú y yo tenemos aproximadamente la misma oportunidad de convertirnos en el próximo Tiger Woods como también de convertirnos en el próximo Sam Walton.

El plan prosumidor: Produciendo riqueza siendo inteligente

Hay una manera en que la gente común puede tener lo que «los productores tienen» sin invertir millones. Aprendiendo, practicando y enseñando un sistema de creación de riqueza llamado prosumir. La gente común pude posicionarse para crear ingresos por encima de los ingresos promedio.

Prosumir es una forma natural para que la gente común pueda crear ingresos por encima de los ingresos promedio. ¿Por qué? Porque cuando lo hacen aprovechan sus destrezas y habilidades como consumidores, porque si hay algo para lo que la gente es buena, ¡es para consumir!

Para lo que no somos tan buenos, es para crear riqueza. Sin embargo, cuando prosumimos, nos asociamos con los productores. Como prosumidores, nuestra tarea es comprar productos y servicios que queremos y necesitamos del productor y luego recomendar esos productos a la gente que conocemos. El trabajo del productor es fabricar, almacenar y enviar esos productos.

Los productores nos compensarán con bonos según el volumen de nuestras referencias. Nosotros podemos compensar al productor por medios del incremento de demandas de sus productos. Es un «gana-gana». Nosotros, los prosumidores continuamos haciendo lo que sabemos hacer. Los productores siguen haciendo lo que ellos saben hacer. Y todos ganamos dinero. ¡Qué grandiosa idea!

Al entrar a una relación con el productor, gozamos de las ventajas de ser un productor y al mismo tiempo reducimos significativamente la desventaja. Como prosumidores nosotros gastamos dinero en productos que queremos y necesitamos al igual que los consumidores comunes lo hacen, pero nosotros tememos la oportunidad de ganar dinero. Lo que significa que la gente común que quiere crear más riqueza para ellos y sus familiares no tiene que dejar de consumir. ¡Lo que ellos tienen que hacer es comenzar a prosumir!

Prosumir es un sueño hecho realidad para el consumidor, como prueba, la siguiente tabla compara el Plan de PRODUCTOR con el Plan de PROSUMIDOR.

Plan de PRODUCTOR	Plan de PROSUMIDOR
1.- Con empleados	1.- Sin empleados
2.- Gastos generales enormes	2.- Gastos generales reducidos
3.- Oficinas, centros de distribución	3.- Negocio desde el hogar
4.- Alto costo de Comercio-E	4.- Computadora con Internet
5.- Alto presupuesto publicitario	5.- Mercadeo de referencia
6.- Ganancias repartidas	6.- Ganacias no repartidas

La mejor noticia es que la Internet ha hecho más fácil para que los consumidores se unan a la revolución de prosumir. Ser prosumidor significa dirigir el tráfico al sitio de web del socio corporativo y luego enseñar a otros a que hagan lo mismo. Lo que significa que tú no tienes que sentarte en una banca a ver como los productores se hacen más ricos con la explosión del Comercio Electrónico. Piense como prosumidor online, tú te pones en la misma posición que ellos y te haces rico junto con ellos.

TERCERA PARTE

LA MENTALIDAD DE LOS CONSUMIDORES

Durante años, las tiendas se han inventado toda clase de estrategias para tentarnos a gastar más dinero incluyendo grandes descuentos...crédito fácil...publicidad inteligente... y muestras creativas en las tiendas y reemplazo de producto.

Por otro lado, los consumidores son ingenuos y desprevenidos y esto los hace un blanco fácil para las tiendas que son manipulados a gastar más.

¿Cuál es el resultado? Las tiendas están teniendo ganancias record, mientras que los consumidores están acumulando una deuda record.

DE UNA MANERA U OTRA, ¡TÚ PAGAS!

Hay poco en el mundo que cierta gente no puede fabricar de menos calidad y vender a menos precio, y las personas que solamente toman en cuenta el precio de algo son presa fácil para estos inescrupulosos.

-Andy Crove

gerente, Intel

Hasta hace poco, yo nunca había comprado en un club de descuentos. A insistencia de algunos amigos y familiares decidí visitar una tienda de descuento local. ¡Estoy seguro de que no volveré!

No voy a mencionar el nombre del club al que fui, pero desde afuera parecía un hangar de avión. Sólo que más grande. Y más feo. Mientras que mi esposa Jeanne y yo caminábamos hacia la entrada, no pudimos evitar fijarnos en la basura que había en el estacionamiento. Parecía el desorden y basural en el lote de parqueo después del partido del Superbowl. En la entraba había dos botes de basura encopetados y rodeados de colillas de cigarro que todavía humeaban.

Yo le dije a Jeanne «Si así está el frente de la tienda, ¿cómo estará la parte de atrás? «No quiero ni pensarlo» contestó Jeanne. «Pero te garantizo que aquí no podremos comprar comida fresca.» El interior del almacén parecía el centro de socorro de La Cruz Roja. Los pasillos estaban alineados con gigantescas estanterías de metal apiladas hasta el techo con cajas de cartón suficientemente grandes para embalar un carro compacto.

Tuvimos que caminar dos cuadras para llegar a la sección de comida enlatada. ¡Los precios de la comida eran fantásticamente bajos! No es de extrañar. Los frijoles refritos venían en recipientes de 10 libras cada uno. El atún venía en latas de 96 onzas. La salsa de tomate venía en latas de 9 libras (¡no en botellas, LATAS!) logramos bajar un barril de pepinillos sin que se nos cayera encima y nos dirigimos hacia la caja registradora.

¡Sorpresa! La tienda no proporcionaba bolsas para los comestibles y nosotros no pensamos en eso, así que no traíamos ninguna. No hay problema. Haremos rodar los pepinillos hacia el carro. Yo pensé, si tan sólo hubiera traído una carretilla elevadora para poder meterlos en el baúl.

Tú obtienes producto según el valor que pagas

Supongo que los clubs de ventas al por mayor son lugares fantásticos para hacer compras si tú estás cocinando para una casa de fraternidad, la contraloría de cuentas o un internado. Pero para la mayoría de gente el intercambio no tiene sentido. Claro, tal vez tú ahorres algo de dinero a corto plazo. Pero la experiencia de hacer compras en lugares así es tan desagradable. Y los recipientes donde viene la comida son tan enormes, al final, no vale la pena.

Experiencias como ésta nos sirven para recordar que tú obtienes el valor de lo que pagas. Pueda que obtengas un precio más bajo, pero tú pagas por ello con inconveniencia...lugares sombríos... servicio pésimo (y más de una vez, los tres.)

Es por eso que digo, «de una u otra manera, tú pagas.»

Cuando la gente habla del precio de algo, usualmente se entiende que está hablando de la cantidad de dinero que pagará a cambio de un producto o servicio. Pero yo tengo una mejor definición de la palabra «precio». Es la siguiente: Precio es a lo que tú tienes que renunciar para conseguir lo que quieres.

Piensa. Cuando yo compré 5 galones de pepinillos en el club de ventas al por mayor, el precio pagué fue $5 más barato de lo que pago por la misma cantidad en el supermercado local. Pero ve todo lo que he hecho por conseguir ese precio:

He tenido que manejar media ciudad para llegar a la bodega y luego manejar de regreso, lo que significa que he gastado casi una hora en ir y venir. He perdido la oportunidad de hablar con un cajero amigable en el supermercado cocal. Y he perdido la oportunidad de ser ayudado por el muchacho que pone los comestibles en las bolsas y las lleva a mi carro.

¿Qué obtuve por mi ahorro de $5? Cajeros mal encarados...no me dieron bolsas para los comestibles...y una larga caminata en el almacén feo. En resumen, perdí la oportunidad de tener una experiencia agradable haciendo compras en un buen supermercado y a cambio tuve una desagradable experiencia haciendo compras al otro lado de la ciudad. Dejé todo eso por cinco pésimos dólares. ¿Te das cuenta ahora por qué digo que Precio es a lo que tú tienes que renunciar para conseguir lo que quieres?

Conduce un YUGO y cocina en casa
Si el dinero fuera el único costo que pagamos por nuestras decisiones de compras, entonces todo el mundo conduciría un yugo y cocinaría en casa cada noche ¿no es cierto? ¿Por qué nosotros no? Porque tendríamos que renunciar a muchas cosas intangibles por esos precios bajos.

De una u otra manera tú pagas
¿Sabías que en los años 1960s, solamente 6% de las comidas eran consumidas fuera de casa? Hoy, 60% de las comidas son consumidas fuera de casa y este porcentaje aumenta cada año. ¿Es porque es más barato comer afuera? Por supuesto

que no. Comemos fuera con frecuencia porque es más conveniente. Nos ahorramos tiempo. Alguien nos sirve la comida. Y no hay que lavar trastes después de comer. El costo de la comida en sí es el 30% de la factura final. El otro 70% cubre los intangibles, tales como: el ambiente.... la conveniencia....el servicio....etcétera. Con todo, de tres a cuatro días a la semana renunciamos sin ningún problema al dinero que nos ha costado tanto ganar y lo cambiamos por intangibles.

Valor vs. Costo

¿Has escuchado alguna vez la frase «valor agregado» ser usada para describir un producto o servicio? El valor agregado significa que el fabricante o vendedor ha incluido un valor intangible al precio total. Por ejemplo, en el mercado de las computadoras agregan software «gratis» o servicio online «gratis» es un valor agregado del fabricante. La mayoría de los negocios exitosos entienden que el valor es más importante que el costo, así que ellos construyen sus marcas en torno a la adición de más valor en comparación con la reducción del costo.

Los relojes Rolex son un ejemplo perfecto. Los relojes Rolex marcan el tiempo exacto. Los relojes Timex son tan exactos como los Rolex. Sin embargo, tú puedes comprar 1,000 relojes Timex por el precio de un Rolex. Si ambas marcas son igualmente confiables, qué es lo que implica la gran diferencia en el precio. En pocas palabras, la diferencia entre un Rolex y un Timex no es más que un intangible llamado «prestigio». Los usuarios de Rolex le están anunciando al mundo que no sólo pueden pagar por las necesidades básicas de la vida, sino también por lujos. Un Rolex no es tanto para dar la hora, es más para demostrarle al mundo que tú eres exitoso. Y los dueños de un Rolex están dispuestos a pagar miles de dólares por el «valor agregado».

Café Starbucks es otro ejemplo de que las personas pagan más por lo intangible que por el producto mismo. Cuando los clientes de Starbucks pagan $4 por un café que en realidad tiene el valor de 25 centavos cuando está en grano, están pagando 16 veces más de lo que pagarían si se tomaran ese café en su casa — 16 veces más! Y aun así, ellos hacen línea para pagar por el privilegio.

¿Se sienten estafados? ¡No! Al contrario, la mayoría de los clientes de Starbucks regresan. La verdad es que la gente que frecuenta Starbucks no está solamente buscando comprar café. Al igual que las personas que compran un reloj Rolex, no están buscando compran un reloj. Los clientes de Starbucks entienden que ellos están pagando por la experiencia que acompaña la taza de café. Y ellos valoran tanto ese intangible que Starbucks continúa expandiéndose e incrementando sus ganancias cada año.

Lo barato no es necesariamente lo mejor

¿Qué piensas tú que pasaría si un café de bajo costo se abriera al lado de cada Starbucks en el mundo y ofreciera la misma clase de café que Starbucks y lo vendiera por $1 en lugar de venderlo por $3? ¿Mandaría a Starbucks a la quiebra?

De ninguna manera, si eso fuera posible, algún empresario emprendedor ya lo hubiera hecho. El punto es que lo barato no es necesariamente lo mejor. La misma gente que conduce 20 millas al almacén de descuento para ahorrar $5 en un galón de pepinillos es la misma gente que para en Starbucks cuando va de camino a casa y saca un billete de $10 para comprar dos cafés y una galleta del día anterior. Vaya usted a saber...

No sea sabio con los centavos y tonto con los dólares

Como una nación de consumidores, hemos sido condicionados a pensar que somos «compradores inteligentes» cuando compramos con grandes descuentos. Desafortunadamente, nos olvidamos de todas la cosas a las que tenemos que renunciar para obtener el precio más bajo.

La competencia entre el fabricante número uno y el fabircante número dos de llantas Michelin y Goodyear, nos da una lección de que comprar barata no es sinónimo de compras inteligente.

Aquí está lo que pasó:

Por 42 años, Goodyear fue el número uno en el mundo en fabricación de llantas. Ellos estaban tan orgullosos de su posición como líderes que enviaron el dirigible Goodyear a los mayores eventos deportivos del país. Desde muy lejos, la gente podía mirar hacia arriba y ver el dirigible de Goodyear flotando sobre la ciudad y mostrando este mensaje gigante: «¡Goodyear es número 1 en llantas!»

Sólo unos pocos años atrás, Michelin fue clasificado número 7 en ventas a nivel mundial, muy por atrás del líder industrial Goodyear. Porque Goodyear era un vendedor de alto volumen, no había manera de que Michelin pudiera competir con Goodyear ofreciendo el precio más bajo. La verdad es que las llantas Michelin eran más caras, pero por una buena razón — eran de mejor calidad.

El líder Michelin sabiamente decidió dejar que Goodyear tuviera el mercado de llantas más baratas. Michelin tenía la confianza de que podría llegar a ser el número uno vendiendo llantas si se concentraban en calidad e innovación, en lugar de concentrarse en precios bajos. El mayor desafío de Michelin era cómo transmitir el mensaje que cuando se trata de llantas, lo barato NO necesariamente significa que sea lo mejor.

Así fue como Michelin puso en marcha una de las campañas publicitarias más exitosas en la historia. Ellos produjeron una serie de anuncios con bebés sonriendo dentro de las llantas. El lema que acompañaba los anuncios transmitía un mensaje poderoso:

«Porque usted tiene mucho que arriesgar en sus llantas.»

¡GUAU! ¡Qué tremendo resultado tuvo esa campaña publicitaria! Los que vieron los anuncios de Michelin se dieron cuenta inmediatamente de la sabiduría que hay en ser inteligente en lugar de ser barato. Lo que quiero decir es que ¿Quién es sus cinco sentidos va a arriesgar la vida de su familia por ahorrar $100 en un juego de llantas? La campaña publicitaria de Michelin fue bien aceptada por el público. ¡En un plazo de cinco años, superaron a Goodyear y se convirtieron en número 1 en fabricación de llantas en el mundo! Y todo lo que hicieron fue promover calidad, no precio.

Usted tiene mucho en juego en sus decisiones de compra

Michelin tenía razón — tenemos mucho que arriesgar en nuestras llantas. De la misma manera, tú tienes mucho que arriesgar en TODAS tus decisiones de compra. Los anuncios de Michelin realmente muestran a todos los hogares el valor de lo intangible — especialmente salud y la seguridad.

Pero ¿Qué pasa con nuestra salud financiera y nuestra seguridad?...tenemos mucho que arriesgar en nuestra seguridad financiara también, ¿O no?

La verdad es que si tenemos suficiente dinero, no tenemos que preocuparnos por comprar las llantas más baratas...o las cosas más baratas.

Cuando el multi-billonario Bill Gates estaba construyendo su mansión de 40,000 metros cuadrados en un lago en Seattle, ¿Tú crees que a él le importaba que el contratista ahorrara 20% en los paneles de yeso? Me refiero a que Gates está valorado en $100 billones. ¿Tú crees que la esposa de Gates va a tres diferentes tiendas de descuento en busca del mejor precio en pañales? ¡Seamos realistas!

Yo te pregunto a ti — ¿realmente quieres pasar el resto de tu vida yendo de tienda en tienda para poder ahorrar unos pocos dólares? Si te dieran a escoger, ¿no preferirías usar tu valioso tiempo para crear riqueza y construir libertad financiera?

Cuando le gente compra en tiendas de descuento, ¿Qué está buscando en REALIDAD — ahorrar unos pocos dólares a corto plazo? ¿O están en busca de libertad financiera a largo plazo?

¿Y tú?

Una última pregunta: Si yo pudiera mostrarte una manera de crear independencia financiera mediante el pago de un precio justo y razonable por bienes y servicios (en lugar de pagar el precio más barato), ¿Cambiarías tu forma de comprar?

Los compradores inteligentes, como el padre rico que se menciona en el libro Padre Rico, Padre Pobre contestó «sí» a la pregunta.

¿Y tú?

¡LA TIENDA NO ES TU AMIGA!

---

*Mientras compras, tu emociones han
sido secuetradas.*

-Terri Goldstein

Consultor de Mercadeo por menor

L a siguiente es un broma que a mi me gusta
decir a mis estudiantes de mercadotecnia
cuando quiero ilustrar la poca diferencia que hay
entre buen mercadeo y mal ética. La broma es la
siguiente:

Un hombre entra en la oficina del veterinario y
pregunta por el doctor.

«Tengo un problema con mi caballo de carrera,»
dice el hombre.

«¿Cuál es el problema?» pregunta el veterinario.

«Bueno, algunas veces él camina bien. Pero a veces cojea mucho. ¿«Qué me sugiere que haga»?

El veterinario le contesta «Cuando su caballo camina bien, ¡véndalo!»

Mis estudiantes siempre se carcajean, pero no nos toma mucho tiempo para entrar en una discusión seria sobre el concepto de honestidad en la publicidad. Yo les explico que es malo engañar a los clientes deliberadamente, razón por la cual el concepto del veterinario no debe de ser tomado en serio. Es muy simple, mal ética es lo mismo que malos negocios.

Por otro lado, el buen negocio presenta un producto como lo que es. No hay nada de malo en tratar de persuadir a la gente diciéndole que el producto que están presentando les hará sentir más feliz…más saludable…lucir mejor…o cualquier otra cosa. De eso se trata el mercadeo — tratar de posicionar un producto en el primer lugar para que la gente quiera adueñarse de éste.

La tienda no es tu amiga
Las tiendas son expertas en presentarse así mismas como las mejores. Son expertas en hacer que tú te sientas tan cómodo como si estuvieras en tu hogar — al igual que tu amigo.

Por ejemplo, las tiendas tienen su manera de proveerte un servicio amigable. Las cadenas de tiendas construidas en nuestros vecindarios — al igual un amigo.

Las cadenas de tiendas con grandes descuentos se ponen a nuestra disposición abriendo temprano y cerrando tarde los siete días a la semana – al igual que nuestros amigos. En nuestro mundo tan cambiante donde nos movemos a un ritmo muy rápido, es un alivio saber que las tiendas siempre estarán a nuestra disposición para cuando las necesitemos — al igual que nuestros amigos.

Pero no te equivoques, ¡las tiendas no son lo que parecen! La verdad es que las tiendas tienen una «agenda oculta» a la cual nosotros perdemos vista, es decir, las tiendas están en el negocio con fines de lucro. Cuanto más estemos convencidos que las tiendas son nuestros amigos, más son las probabilidades de volver y seguir gastando más dinero.

Eso no es amistad. Eso es mercadeo.

Es por eso que digo, «La tienda no es tu amiga.» Las tiendas actúan amigablemente porque saben que así nosotros estaremos dispuestos a darles nuestro dinero. No me malinterprete – yo no estoy diciendo que un buen servicio es malo. De hecho, un servicio amable es bueno. Pero para las tiendas, el servicio amable es una función de mercadeo. Y el propósito del mercadeo es vender más productos para que la tienda tenga más ganancias.

Maestros en mercadeo

A los largo de los años, las tiendas se han convertido en maestras del mercadeo probando, errando e investigando. Los dueños de las tiendas han descubierto que «trucos del oficio» son más efectivos para manipular a los compradores y hacerlos gastar más y más el dinero que ganan con el sudor de su frente.

Por ejemplo, las investigaciones muestran que los compradores gastan más dinero en las tiendas que exhiben artículos bonitos...ofrecen grandes descuentos...ofrecen muestras gratis...y contratan empleados amables. A primera vista parece que las tiendas están haciendo grandes esfuerzos para nuestro beneficio.

Pero los dueños de las tiendas no se esfuerzan para hacernos sentir bien porque realmente se preocupen por nosotros como personas. ¡La verdad es que ellos se esfuerzan para hacerte sentir bien con la intención de que tú les dé más dinero! Se preocupan por ti, es cierto, de la misma manera que los dueños de los casinos se preocupan por sus jugadores. Siempre y cuando se trate de dinero, el cliente es el rey. Sin dinero no hay trono. No es nada personal, tú entiendes. Es sólo negocio.

Los empleados de las tiendas actúan de manera amable con el fin de ponerte de buen humor y gastes más. No te equivoques, las tiendas están en el negocio para obtener beneficio no para hacer amigos. Actuar de manera amable no es un engaño. Actuar de manera amable no va contra la ética profesional. Actuar de manera amable es sólo parte del mercadeo...es sólo negocio, tú me entiendes verdad ¡buenos negocios!

¿Por qué crees que Wal-Mart contrata gente para que te dé la bienvenida? Una persona amable te hace sentir bien ¿O no? Te hace sentir apreciado. Te hace sentir como una persona, no como un número.

«¿Cómo estás?» Te pregunta una persona sonriente cuando tú entras a Wal-Mart. ¿Te puedo traer una carreta para que hagas tus compras? ¿Te puedo ayudar en algo? Disfruta tu visita. Usualmente las personas que contrata Wal-Mart son de avanzada edad y te hacen recordad a tus cariñosos abuelos, cuando éstos, con una sonrisa en los labios te preguntan ¿Cómo ha estado? esto levanta tu espíritu ¿no es así?

Pero, espera un segundo — si tú pasas en frente de una de esas personas en la parada del bus, ¿Tú crees que entablaría la misma conversación grata contigo? Probablemente no. Entonces, ¿Por qué te saludan con tal entusiasmo cuando tú entras a Wal-Mart? Porque es su trabajo, para eso fueron contratados. ¡A ellos les pagan para actuar de manera amable!

Estas personas están entrenadas para sonreír y hacerte preguntas que han aprendido y practicado con una voz amigable. Al final de cada semana, ellos reciben un cheque. No es nada personal, tú me entiendes. Es sólo negocio.

Y vaya que es buen negocio. El servicio «amable» de Wal-Mart es una de las razones por las cuales Wal-Mart es una de las más grandes y lucrativas tiendas de ventas al por menor en el mundo.

Trucos del oficio

Tener una persona que se ha jubilado en la puerta para que le dé la bienvenida es sólo uno de los cientos de trucos del mercadeo. Las tiendas usan este atractivo para que los clientes gasten más dinero. Cuando uso el término «trucos del oficio,» no quiero insinuar que la tienda no tiene ética. Simplemente son muy buenos en su presentación y la de sus productos para que usted los compre —¡ahí mismo!

El buen mercadeo es como cuando dos enamorados tienen una cita. Si finalmente tú has encontrado al compañero de tus sueños, vas a hace el mejor esfuerzo para lucir bien y comportarte de la mejor manera. Tú tienes que ser cortés. Amigable. Tú escoges el traje perfecto, lustras tus zapatos para tan especial ocasión. Poner tu mejor cara no es lo mismo que ser engañador.

Arreglarse bien para la primera cita es sólo uno de los «trucos del oficio» del juego de los enamorados. Estos trucos te ayudan a lograr tu objetivo — conseguir una segunda, tercera o incluso cuarta cita.

Así son las tiendas. Cuando la tiendas crean un ambiente agradable para mostrar la mercadería no está engañando a nadie, solamente está usando uno de los muchos «trucos del oficio» para poder lograr su objetivo — el cual es convencerte a ti a que compres productos y servicios una y otra vez.

La tienda es una experta – Tú eres un aficionado

A lo largo de los años, las tiendas se han vuelto

expertas en el cumplimiento de su objetivo, el cual es, separarnos de nuestro dinero. ¡son muy expertas! A decir verdad, los dueños de las tiendas se han vuelto mucho mejor en vender que los clientes en comprar.

Como puedes ver, los dueños de las tiendas son VENDEDORES EXPERTOS, mientras que la mayoría de nosotros somos AFICIONADOS A LAS COMPRAS. Vender es el trabajo de tiempo completo de las tiendas. Es su razón de ser. Es lo que ellos estudian...en lo que piensan...lo que hacen todo el día, todos los días.

Por otro lado, el cliente común, sólo compra de vez en cuando. Somos «todo cosa» expertos. Las tiendas tienen todos estos «trucos del oficio» que han comprobado ser efectivos y que nos inducen a gastar más dinero. ¿Y qué tenemos nosotros? Una lista de compra y un carro estacionado en un parquímetro. ¡No es chiste!

La relación entre la tienda y sus clientes me hace recordar de la relación que yo tengo con mi perra Fitch. A ella le encanta escapar del patio de atrás. En la mañana, cuando salgo para el trabajo, dejo a Fitch suelta en el patio de atrás. Cuando regreso del trabajo, Fitch me está esperando en el patio del frente.

Después de varios meses, me he dado cuenta de algo. Yo no puedo mantener a Fitch encerrada en el patio de atrás porque ella trata de escapar a como dé lugar. En mi tiempo libre yo armo una nueva barricada para mantenerla encerrada. Pero ella trabaja las 24 horas para poder escapar. Escapar se convierte en el objetivo de su vida. Y no importa que nueva barricada yo invento para mantenerla adentro, es sólo cuestión de tiempo para que ella encuentre una nueva manera de escapar.

Tiendas de tiempo completo Vs. Tiendas de medio tiempo

El «juego» que yo juego con Fitch, es similar a juego que tu juegas con las tiendas al por menor. Tú y yo sólo podemos pasar un par de minutos al día pensando en hacer compras inteligentemente. Tenemos que trabajar. Tenemos que criar a nuestros hijos. Vivir nuestras vidas. Para nosotros, hacer compras es sólo una actividad de medio tiempo.

Sin embargo, al igual que Fitch, ¡las tiendas trabajan tiempo completo! En la mente de los dueños de la tienda sólo hay una cosa, todo el día, todos los días de la semana, año redondo. Tan pronto como nosotros los clientes levantamos la barricada de compra, tales como la resolución de no hacer una compra mayor a lo menos por un año – las tiendas buscan la manera de poner resistencia a nuestra barricada, con ofertas tales como: ¡SIN PAGOS POR 12 MESES!

La verdad es simple, nosotros no podemos mantenernos al día con los trucos que las tiendas se inventan para hacernos gastar más y más nuestro dinero. Su misión es vaciar nuestros bolsillos. Cuando nosotros entramos a la tienda, estamos en su territorio. Es como hablar de la ventaja que un jugador tiene cuando está en la cancha. Cuando uno entra a una tienda al por menor, es como entrar en la guarida del león armado con un rifle de juguete.

¡A nosotros no nos dan a escoger!

¿Por qué compramos?

En estos tiempos, las tiendas han convertido la comercialización en una ciencia. Al igual que los antropólogos estudian otras culturas, los antropólogos al por menor estudian a los compradores para descubrir en que se basan para hacer sus decisiones de compra.

El científico de compras al por menor Paco Underhill, pasó miles de horas observando... dando seguimiento... filmando... grabando... y entrevistando compradores. El publicó sus resultados en el éxito de librería titulado «Por que Compramos: La Ciencia de Hacer Compras. Y el libro se convirtió rápidamente en el más leído por los vendedores al por menor. El libro revela patrones de conducta de los compradores y muestra a los vendedores al por menor cómo incrementar dramáticamente las ventas adaptando algunas estrategias muy simples.

Manipulando tus emociones

En las páginas siguientes, identificaré algunos otros «trucos» que las tiendas usan para que tú compres más mercadería. Algo del material que tú está a punto de leer proviene del libro escrito por Underhill. Otra parte proviene de una exposición organizada por Bárbara Walters de *20/20*, el programa semanal de noticias de la cadena

ABC. Otra parte proviene de los muchos años de experiencia como profesor de mercadotecnia.

Miles de tiendas lucrativas al por menor usan estas estrategias para incrementar el resultado final. Por otro lado, solamente uno de los millones de clientes sabe que está siendo engañado. La gran mayoría de los clientes son gansos inocentes en espera de ser desplumados. Underhill resume la competencia entre los conocedores dueños de las tiendas y los inocentes compradores de la siguiente manera:

> *Más y más decisiones se hacen basadas en la hipótesis de la tienda misma. Los clientes tienen ingresos disponibles, mente abierta y están cediendo a sus impulsos. El papel de la comercialización nunca ha sido mayor.*

Suena como que la bodega está a favor de la tienda y en contra de los compradores ¿No es así? No es de extrañar que 79% de nuestras compras, sean compras por impulso. Las tiendas son expertas en tentar a la gente para que ésta haga compras por impulso, razón por la cual, según la revista Forbes, el comprador promedio gasta $50 más en una tienda de almacén que en un supermercado.

Irónicamente, los compradores piensan que ahorran más comprando en una tienda de almacén, pero al final, ¡ellos gastan más dinero! Como dije antes, las tiendas son profesionales, nosotros somos aficionados. Y no hay manera de que les podamos ganar en su campo de juego.

¡DE NINGUNA MANERA!

Ahora, echemos un vistazo a las 10 estrategias más comunes que las tiendas usan para amontonar en la bodega y engañar a los clientes para que compren más mercadería.

Truco 1: Mantenerlos en la tienda el mayor tiempo posible.

Underhill dice que el factor más importante que determina cuánto va a gastar un cliente, es cuanto tiempo va a quedarse en la tienda. Con esto en mente, las tiendas van a hacer todo lo posible para reducir su velocidad. Ellos usan música suave e iluminación para relajarte y reducir tu paso. El objetivo de un asesor de iluminación era reducir el número de parpadeos de los clientes de 30 a 14 veces por minuto. ¿Por qué? Los estudios muestran que entre menos parpadees, más relajado estás y tu paso es más lento. ¿Te has preguntado alguna vez por qué en los pasillos de la sección de productos hay viento por todos lados? Para que tú camines más lento y ¡compres más!

Truco 2: Incrementar el número de compras por impulso

Los estudios muestran que más de dos de cada tres artículos que compramos, son compras por impulso. Sabiendo esto, los dueños de las tiendas al por menor diseñan sus tiendas para animar a los compradores a que compren más cosas de improviso.

El ejemplo más clásico son los dulces que exhiben en el mostrador. Los dueños de las tiendas crean oportunidades de compra por toda la tienda. Por ejemplo, la próxima vez que tú estés en la sección de productos lácteos del supermercado, observa como los pasteles y la crema batida están colocados de una manera muy conveniente a un lado de las fresas.

Truco 3: Comercializar para niños y los padres lo comprarán

Las cámaras de vídeo de Underhill mostraron que con frecuencia los niños son los que escogen convites para perro cereales. Las cámaras captaron a niños tratando de trepar los estantes para alcanzar las cajas. Cuando los convites para perro y las cajas de cereal fueron puestas el los estantes del medio, donde los niños pudieran alcanzarlos fácilmente las ventas incrementaron de la noche a la mañana. Esto le da un nuevo significado a la expansión, «como quitarle un dulce a un bebé,» ¿no es así?

Truco 4: Explotar el factor humano

Según Underhill, lo primero que la gente observa es a otra gente. Es por eso que los restaurantes de comida rápida ponen los letreros al alcance de la vista, arriba de la caja registradora. Cuando los clientes ven al cajero, inevitablemente ven también los letreros. La manera inteligente de colocar los letreros es una forma segura de incrementar las ventas.

Truco 5: Mezclar la mercadería

¿Te has dado cuántas clases de sopa hay en los estantes del supermercado? Bebe de haber 100 variedades. Con tanto sabor diferente, los supermercados beberían poner las sopas en orden alfabético para que las pudiéramos encontrar fácilmente. Pero las tiendas mezclan diferentes clases de sopas a propósito. ¿Por qué? Para que los compradores tengan que escudriñar por todo el estante para encontrar el sabor que están buscando. Mientras tanto, están viendo también otras especialidades de sopas que antes no conocían. Así es como una lata de sopa «Nacho con queso» marca Fiesta, termina en la carreta de compra junto con la sopa «Chicken Noodle» que tú estabas buscando originalmente.

Truco 6: Silenciar las cajas registradoras

¿Es tú eres lo suficientemente viejo para recordar cuando los cajeros anunciaban el total de tu factura con una ruidosa alarma ¡Cha-a-chin!? En estos tiempos ya no se escucha ese ruido en los mostradores ya que esas máquinas han sido sustituidas por unas casi silenciosa que zumban en lugar de tronar. Las cajas registradoras silenciosas, «compre ahora, pague después» y las tarjetas de crédito que mitigan el impacto del gasto, lo que significa alto volumen de ventas por tienda (y mayor deuda para el cliente).

Truco 7: Comunicar por medio de lenguaje de señas

Underhill dice a los clientes que dejen de pensar que su espacio es una tienda y que empiecen a pensar como si éste fuera con comercial de televisión tridimensional. En efecto, la tienda es como un recipiente para palabras, pensamientos, mensajes e ideas que las tiendas quieren comunicar al comprador y donde éste puede entrar en cualquier momento. Mensajes colocados en lugares estratégicos y fuertes mensajes pueden incrementar dramáticamente las ganancias para la tienda. «Si todo lo que está dentro de la tienda está funcionando,» dice Underhill, «los letreros atraen la atención de los compradores y los persuaden para que busquen y compren más y más. Al igual que la secuencia de comandos al dirigir un comercial de televisión, el problema con los letreros es adivinar qué decir y cómo y cuándo decirlo.»

Truco 8: Hacerlos caminar pero no esperar

Los compradores que están en una «misión» no toman el tiempo para comprar hasta que no han completado su misión. Es por eso que las «droguerías» tales como Walgreens ponen farmacias en la parte posterior de las tiendas. Cuando los clientes tienen que recoger una medicina, éstos caminan hacia la farmacia ignorando toda clase toda clase de letreros y propaganda hasta que han cumplido su misión. Es inútil tratar de venderles algo antes de que ellos hayan terminado su tarea. Una vez el cliente ha recogido su medicina, él tendrá que caminar de regreso al frente de la tienda. Inteligentemente, letreros y mostradores con productos son colocados frente a la tienda para que los clientes que están regresando de la farmacia los vean y sean persuadidos a hacer compras por impulso.

Truco 9: Regalarles muestras de comida y harán fila para comprarla

Ten cuidado con esas personas amistosas que dan muestras «gratis» en los supermercados. Los estudios han demostrado que hasta el 90% de los compradores que prueban ciertos productos terminarán comprándolos. ¿Por qué el precio de cierre tan astronómico? «Mmmm, está delicioso» con frecuencia le conduce a hacer una compra impulsiva. El sentido de culpabilidad es un factor en los compradores, quienes se sienten obligados a comprar el producto que acaban de recibir «gratuitamente.» A los dueños de la tienda no les importa como funciona el muestreo. Ellos saben que incrementa las ventas. Todos hemos escuchado el dicho que dice «no hay nada gratis en este mundo.» La próxima vez que tú seas tentado a degustar una muestra, recuerda que tampoco hay muestras gratis en este mundo.

Truco 10: Entrénalos a temprana edad

«Palo que crece torcido, aunque le corten la ramas.» Igualmente, de la manera que se entrena el cliente, así gasta. Las compañías de tabaco quieren que tú empieces desde joven para que estés enviciado el resto de tu vida. Es por eso que muchas de las tiendas han sido diseñadas pensado en los niños. ¿Dónde está el mostrador con el cereal? ¡A cuatro pies de altura, al alcance de la vista del niño! A la misma altura, las galletas y los aperitivos. El supermercado de mi vecindario diseñó un giro a la derecha en la sección de alimentos congelados, así cuando doy la vuelta, ¡puedo ver helados de toda clase en ambos lados del pasillo! Has escuchado a los niños rogar a sus padres por un «Double Fudge Chunky Monkey» ¿cuando todavía están a tres pasillos de distancia? Ah, ¿mencioné que la panadería reparte galletas gratis? Qué amables son...

Rompiendo el ciclo del consumidor

Yo no sé tú, pero cuando me enteré de los trucos que las tiendas usan para hacernos gastar más de lo que teníamos pensado, yo me sentí como el perro de Pavlov. Palvov tocaba la campana, ponían el plato de comida y condicionaba al perro a que salivara. De la misma manera, las tiendas muestras los productos en una manera atractiva, reparten muestras gratis, y nosotros estamos condicionados a comprar.

Los dueños de las tiendas nos han condicionado a consumir nuestra riqueza. Entre más consumimos, más crece la riqueza de ellos. Es un círculo sin fin. Y la única manera de romper el ciclo del consumidor es cambiando nuestros hábitos de compra. En lugar de dejar que las tiendas nos condicionen a consumir, ¿por qué no condicionarnos a nosotros mismos a prosumir? ¡Ahora vemos el concepto!

¿Y por qué, en lugar de hacer nuestras compras mensuales en el supermercado local — «TIENDA DE ELLOS» – las hacemos en nuestra propia tienda — «TIENDA MÁS?»

¿Y si nos condicionamos a nosotros mismos a ser productores de riqueza pensando como piensan los dueños de las tiendas en lugar gastar nuestra riqueza pensando como consumidores?

¿Y si reducimos nuestras compras por impulse haciendo nuestras compras desde la comodidad de nuestro hogar, en lugar de manejar al supermercado local y hacernos voluntarios para que nos manipulen a que comprar algo que no necesitamos ni queremos?

¿Y si rompemos el ciclo del flujo negativo de dinero del consumidor y lo reemplazamos con un flujo positivo de dinero del prosumidor?

¿Y si pensamos y actuamos como los dueños de las tiendas y crecemos por medio de la enseñanza para que otros hagan los mimos?

¿Si hacemos estas cosas y persuadimos suficiente gente para que se una a nosotros, podríamos crear una revolución prosumidora que cambiaría la forma en que vive la gente, trabaríamos para crear riqueza, no es así?

Si hiciéramos esto, la tienda se convertiría en más que una amiga. Pasaría a formar parte de nuestra familia porque nosotros seríamos los dueños. ¡Y posesión, mi amigo, de eso se trata el prosumismo!

EL CAMINO A LA DEUDA ESTÁ PAVIMENTADO CON DESCUENTOS

*Voy a tener todo el dinero que necesito,
si muero a las cuatro en punto.*

-Henny Youngman

Comediante

¡Lassie, ven a casa!

Cada domingo a mediados de los años 1950s y '60 millones de norteamericanos sintonizaban su televisor en la cadena CBS y miraban el dueño de Lassie, «Timmy,» interpretaba el papel de un adorable niño-actor Jon Provost y abría cada episodio de la clásica serie de televisión con su muy conocido refrán: «¡Lassie, ven a casa!»

Lassie fue unos de los programas de más larga duración en la historia de la televisión y convirtió a Provost en millonario antes de que él fuera un adolescente. Usted pensará que con el inicio exitoso de Provost, él tendría el futuro asegurado. Pero 40 años más tarde, el pobre pero más sabio Provost cuenta la historia tan común de alguien con más dinero que sentido común. «Yo prácticamente me gasté todo mi dinero de fiesta en fiesta,» dice Provost sin rodeos.

Porvost dice que la parranda empezó cuando el era un adolescente y se gastó $6,000 en un carro deportivo. En una década, él se las arregló para malgastar varios millones de dólares. El día de hoy Provost y otros ex-estrellas infantiles, Brandon Cruz, quien protagonizó la serie de televisión The Courtship of Eddie's Father en los años 70s; y Paul Petersen de la serie The Donna Reed están hablando y dando entrevistas de cómo un mal hábito los llevó a desperdiciar las fortunas que ganaron trabajando en Hollywood.

Estoy seguro que ellos compraron muchas cosas con descuento. Mientras sus cuentas bancarias se reducían, ellos probablemente «ahorraban» comprando «juguetes» a bajo precio. Pero no importan que tan grande sea el descuento, cuando la gente consume en exceso, es sólo cuestión de tiempo antes de que sus gastos superen sus ingresos.

Cómo ganar – y perder – la Lotería
«Cuando yo gane la lotería voy a....»

Todos hemos escuchado esa frase un millón de veces. Como mucha gente, Paul Scott Cooney bromeaba acerca de ganar la lotería. Hasta que un día le sucedió. ¡Su única oportunidad en miles se hizo realidad! A la edad de 26 años, Cooney ganó más de 20 millones de dólares en la lotería de La Florida. Él estaba resuelto de por vida. O por lo menos, eso pensó.

Diez años más tarde, Cooney tuvo que comparecer ante la corte de bancarrota para negociar el pago de una deuda de $5 millones. ¿Qué pasó con la ganancia inesperada de millones de dólares al año en 20 años? Él lo gastó viviendo una vida con lujos, esquivando las inversiones y gastando el dinero en pasivos tales como: carros, motocicletas y regalos caros para amigos y familiares.

Yo estoy seguro que Cooney negoció algunas oportunidades de descuento muy buenas en esos 10 años. Cuando la gente compra muebles por camionada y tres motocicletas al mismo tiempo, créeme que ha conseguido grandes descuentos.

Pero, con descuentos o sin descuentos, el consumo reduce los activos. Tal vez el balance de la cuenta de banco reduzca lentamente cuando la gente compra con descuento-pero se reduce de cualquier manera. No importa si tú eres un actor infantil millonario...o un afortunado ganador de la lotería...o una viuda con asistencia social, el consumo disminuye los activos. Así de simple.

La gente se dice a sí misma que está «ahorrando» dinero cuando compra con descuentos. Pero la realidad es que está ahorrando muy poco, es sólo cuestión de tiempo para que a la vaca se le termine la leche de tanto ordeñarla.

El exceso de gasto es una regla – no una excepción

Tal vez piensas que el ex-actor infantil y el afortunado ganador de la lotería son la excepción, no la regla general. Francamente, es al revés. Como regla general, los norteamericanos son consumidores hasta el extremo, ¡muchos hasta la misma pobreza!

Echemos un vistazo a unos datos abrumadores:

- Más de 2 millones de personas se declararon en bancarrota en año 2007 — y el número ha ido incrementando cada año por una década.

- El hogar promedio estadounidense debe más de $12,000 en tarjetas de crédito (a una tasa de interés de 12% y 29%) y la deuda de la tarjeta de crédito sube aproximadamente a $1,000 al año.

- De los países industrializados, los estadounidenses son los que trabajan más horas. En el 2007, los americanos trabajaron 8 horas más por semana comparados con 1987.

- Según una encuesta que hizo USA Today, 54% de los estadounidenses dicen que les tomaría tres meses o menos, retrasarse en los pagos si se quedaran sin trabajo.

- La deuda de los hogares es de casi 25% de los activos, el porcentaje más alto en la historia — y sigue creciendo.

- Si el Seguro Social desapareciera, la mitad de todos lo jubilados, empezando mañana, serían forzados a vivir en la pobreza.

Estos factores indican que la gente esta trabajando más fuerte, pero se está endeudando más y más. Es como la calcomanía que veo en las placas de los carros de vez en cuando «Mientras más duro trabajo, más atrás me quedo.»

¡La respuesta para crear más riqueza no es trabajar mas duro sino trabajar inteligentemente! Si más gente entendiera el concepto de cómo crear riqueza siendo más inteligente y pensando como piensan los dueños de las tiendas, se posicionarían ellos mismos para crear una seguridad financiera real para ellos y su familia.

Nunca es demasiado tarde para virar en U

Yo pienso que la gente se gasta todo su dinero hasta quedarse pobre lo hace porque no se da cuenta que hay una forma diferente de consumir. A ellos se les ha enseñado que «ahorran» cuando compran con grandes descuentos.

En verdad yo creo que si más gente aprendiera acerca del poder de prosumidor, tendríamos menos personas declarándose en quiebra e ingresos más altos en los salarios.

El camino a la deuda tal vez esté pavimentado con descuentos, pero la gente no tiene que quedarse en ese camino. Ellos pueden escoger darse la vuelta y dirigirse a otra dirección, la libertad financiera. La opción a seguir siendo un consumidor — o cambiar de dirección y convertirse en un prosumidor — es tuya y solamente tuya.

Elije sabiamente. No te arrepentirás.

¿QUÉ ES LO QUE QUIERES – GRANDES DESCUENTOS O MÁS TIEMPO?

Todos sabemos que en nuestra vida profesional y personal, el tiempo es lo único que tiene valor duradero.

Scott Reamer
Analista de acciones tecnológicas de mercado

La siguiente broma puede servir como parábola para los tiempos modernos:

A un hombre llamado Chuck le gustaba pescar más que cualquier otra cosa. Cada invierno Chuck se hundía en una gran depresión porque todos los lagos se congelaban durante muchos meses. Un día, un amigo le habló de la pesca en hielo.

«¡Qué idea tan grandiosa!» gritó Chuck. «Mañana iré a primera hora.»

Muy temprano el día siguiente, Chuck arrastro todos su equipo a un trecho de hielo liso. Hizo un hoyo en el hielo con un hacha, puso la carnada en el gancho, y aventó su hilo de pescar.

Y esperó pacientemente.

Pasaron dos horas sin que Chuck pescara algo. De repente, una voz fuerte y profunda rompió el silencio.

«Aquí no hay peces.»

Chuck no se desanimó y siguió pescando. Como una hora después, él oyó nuevamente la misma voz resonante.

«Aquí no hay peces.»

Chuck no había pescado por mucho meses, por lo que no se desanimaba fácilmente. Él seguía mirando fijamente su hilo de pescar y esperando pacientemente a que un pez mordiera el anzuelo.

Pasó una hora más.

«AQUÍ NO HAY PECES.»

Chuck no podía seguir ignorando.

Chuck cubrió la cabeza con sus brazos y de una manera dócil preguntó, «¿Eres Dios?»

«¡NO! YO SOY EL GERENTE DE LA PISTA DE HIELO.»

Pescando felicidad en el lugar equivocado

Se me ocurre que la historia de Chuck, el pescador, es una parábola adecuada para mucha gente que en lugar de lanzar el hilo de pescar para pescar peces, lo están lanzando en busca de la felicidad. Pero éstos son como el pescador en la pista de hielo – ellos tienen tanta pasión por su misión, pero están pescando en el lugar equivocado. Permíteme explicarte.

Vivimos en una sociedad de consumo, así que mucha gente está tratando de «pescar» felicidad mediante la compra de más y más cosas a precios más bajos. Pero la verdad es que la gente nunca podrá «pescar» la felicidad «pescando» en centro comerciales que ofrecen grandes descuentos y comprando mercadería en oferta. Cuando la gente busca la felicidad comprando con descuentos, mejor deberían de estar pescando en la pista de hielo.

Si más gente diera un paso atrás y se preguntara «¿Qué es lo que REALMENTE quiero?» — ¿grandes descuentos...o más tiempo? Ellos tal vez se sorprenderían al saber que usar su tiempo en hacer compras y adquirir más cosas a bajo precio no es realmente lo que quieren en la vida.

Mira, la gente que compra para obtener descuentos está gastando su tiempo con el fin de ahorrar dinero. Eso es un grave error porque nuestro tiempo es nuestra posesión más valiosa. La gente feliz entiende el valor del tiempo, así que ellos no gastan tiempo par ahorrar dinero — ¡ellos gastan dinero para ahorrar tiempo!

Tiempo — sin descuentos— es lo que realmente queremos

Sólo para asegurarme que tú entiendas la diferencia entre el valor del tiempo y el valor del dinero, me gustaría que te imaginaras por un momento en la siguiente situación:

Imagínate que tú estás en el mejor momento de tu vida. Tú estás felizmente casado, tienes dos niños maravillosos, magníficos amigos y tus adorados padres están saludables. Tú estás en la cima del mundo.

De repente, recibes malas noticias — tú tienes una enfermedad incurable y sólo le queda una semana de vida. Esa sí que es una mala noticia.

La buena noticia es que tú eres la persona más rica del mundo, ¡valorada en $100 billones! La único que té puede salvar es un medicamento desarrollado por un científico loco. El medicamento te curará de inmediato y tú podrás vivir otros diez años o posiblemente más.

Ahora, la pregunta del billón.

El científico loco te va vender la medicina con una condición. ¡Tú tendrás que firmar documentos donde consta que todas sus posesiones pasarán a ser de él! A él le pertenecerá su mansión...tus yates...tus negocios...tus acciones...y tus cuentas bancarias. Él es el dueño de todo, a ti sólo te queda, tu vida, tu familia y las destrezas que te permitieron ganar los $100 millones.

Este científico te da un minuto para decidir — tu dinero o más tiempo en esta tierra. El tiene en sus manos los papeles que cerrarán el caso donde todos tus bienes terrenales serán transferidos a nombre del científico. El reloj sigue avanzando — tic...tac...tic...tac. Si tú firmas el documento, todo lo que te va a quedar es tu ingenio, tu conocimiento, y por lo menos diez años más de vida con salud.

¿Firmarías el contrato de transferencia cediendo todos sus bienes terrenales al científico a cambio de más tiempo en esta tierra? Tic...tac... tic...tac...cinco minutos para decidir...cuatro... tres...dos...uno...¿Qué es lo que REALMENTE quieres? ¿Más dinero? ¿O más tiempo?

Yo no sé tú, pero ¡yo firmaría en contrato en menos de un segundo! Cuando tú comparas el valor del dinero con el valor de tu tiempo, hasta la pregunta es necia. El tiempo es mucho, mucho más valioso que el dinero. ¡Ni siquiera hay comparación! Nosotros podemos ganar más dinero. Pero nosotros no podemos fabricar tiempo. En esta vida a todos nos ha sido dado 1,440 minutos al día, no más, no menos. Ya sea que desperdiciemos o aprovechemos el tiempo, eso es cosa de cada uno de nosotros en lo individual.

¿Qué busca la gente rica? ¿Descuentos...o conveniencia?

La gente rica siempre ha entendido que el tiempo es más valioso que el dinero. Ellos toman en serio la expresión, «El tiempo es dinero» y gastan dinero para ahorrar tiempo en lugar de gastar tiempo para ahorrar dinero.

Cuando Michael Jordan se va de compras para amueblar su nueva mansión, ¿Por qué crees que él y su esposa se preocupan más, – ahorrar dinero al compra en una venta de yarda o van a la mueblería de descuento?... ¿O ahorrar tiempo contratando un diseñador de interiores para que haga las compras? En otras palabras, ¿Crees tú que «los Michael Jordans» del mundo andan en busca de descuentos...o buscan de conveniencia?

Bueno, tú no me tienes que decir que tienes que ser un gran millonario para gastar dinero para ahorrar tiempo. Nada podría estar más lejos de la verdad. La gente de clase media tiene lavadora y secadora en su casa. ¿Por qué? Porque ahorra tiempo. Es por eso que la economía de servicios continúa creciendo a pasos agigantados – más y más gente está gastando dinero para ahorrar tiempo. En lugar de planchar, mandan la ropa a la tintorería. En lugar de cortar el césped cada semana, contratan a un jardinero. La lista sigue aumentando.

Pero por alguna razón, la gente piensa que manejar media hora para hacer sus compras en una tienda de descuento es algo inteligente....pararse en la caja registradora por 20 minutos, soportar vendedores groseros (si es que encuentras uno)...y pelear con el tráfico cuando vas de regreso a casa para «ahorrar» unos pocos dólares en la compra del detergente.

¿Qué hay de malo con esta imagen?

Comprando el tiempo

Cuando mi esposa Jeanne y yo nos casamos, nos dimos cuenta inmediatamente que el tiempo es más importante que el dinero. Como resultado, decidimos que cada vez que fuera posible, gastaríamos dinero para ahorrar tiempo, y luego usar ese tiempo para disfrutar con nuestra familia. Nunca nos hemos arrepentido ni por un momento de haber tomado esa decisión.

Yo recuerdo cuando el tipo de al lado se jactaba de haber ahorrado $2,000 pintando la casa él mismo en lugar de pagar a un contratista. Pero mi vecino había usado el tiempo de sus vacaciones para hacer el trabajo. ¡Eso es un a locura!

Mientras que él pintaba su casa, Jeanne, mis hijos y yo estábamos en Disney World pasándolo de maravilla. Yo no cambiaría esa experiencia y esos momentos por nada. Mientras tanto, el vecino que «ahorró» $2,000 cambiando tiempo por dinero, en las tardes estaba muy cansado para jugar pelota con sus hijos. ¡Qué perdida...y qué vergüenza!

Ha escuchado alguna vez la expresión «Nadie en su lecho de muerte ha dicho 'si tan sólo hubiera pasado mas tiempo en la oficina'» Bueno, nadie en su lecho de muerte ha dicho «Si tan sólo hubiera «ahorrado» unos cuantos miles de dólares pintando yo mismo mi casa...o cortando yo mismo el césped en lugar de pasar tiempo con mis hijos cuando éstos estaban creciendo.

Si tú tienes suficiente dinero, puedes comprar el tiempo de alguien.» Dice el sicólogo Robert

Levine. «Tú le puedes pagar a alguien para que haga los mandados por ti. Tu tiempo vale más que el tiempo de ellos.» Jeanne y yo no necesitamos que el sicólogo no dijera eso. Pero de todos modos, gracias Dr. Levine.

Cómo «Ahorrar» cinco años más de tu vida

¿Qué dirías si yo te mostrara una manera de «comprar» cinco años más de gozo y placer para tu vida? ¿Estarías interesado? Tú me dirás que es imposible hacer eso. No del todo — yo ya compré más de dos años para mí. Déjame explicarte.

Digamos que tú estás gastando una o dos horas al día para ahorrar un poquito de dinero, cuando podrías estar usando el tiempo de una manera más productiva, digamos, trabajando medio tiempo desde tu casa a manera de tener un ingreso más alto...un negocio en tu hogar...o más tiempo para jugar Yahtzee con tus niños...o yendo al gimnasio.

A simple vista, una o dos horas al día no parece mucho. Pero una o dos horas al día suman 10 horas a la semana, lo que equivale a 500 horas al año. Si tú estás despierto 16 horas al día, 500 horas son alrededor de 31 días o el equivalente a un mes de tiempo extra, disponible para ti cada año.

Así que, si gastamos dinero para ahorrar tiempo, podríamos ahorrar un mes de tiempo al año ¿correcto? Lo que significa que cada doce años, podríamos ahorrar el equivalente a un año en nuestra vida. Si tú comienzas a gastar dinero para ahorrar tiempo a la edad de 20 años y vas a vivir 80 años, eso es 60 meses de tiempo – o cinco años — que podrías haber ahorrado.

Piénsalo — tú puedes agregar cinco años de producción — calidad — diversión a tu vida con sólo invertir dinero para ahorrar tiempo, en lugar de invertir tiempo para ahorrar dinero. ¿Cómo puedes usar ese tiempo extra? ¿Jugarías más golf con tus amigos? ¿Pasaría más tiempo con tu cónyuge y tus niños? ¿Viajarías a lugares exóticos? ¿Iniciarías un negocio de medio tiempo? ¿O harías todo lo antes mencionado?

Te das cuenta ahora por qué le digo que ahorrar tiempo es más importante que ahorrar dinero buscando descuentos.

¿Qué pasaría si...?

¿Qué pasaría si yo te mostrara una manera de «no sólo ver el pastel si no comértelo también»...una manera de no sólo ahorrar dinero, sino al mismo tiempo ganar dinero mientras ahorras tiempo?

¿No crees que valdría la pena aprender acerca de este concepto revolucionario?

¿Qué pasaría si yo te dijera que hay una manera de comprar productos a un precio justo y razonable y además que los entregan en la puerta de su casa en lugar de que tú tengas que salir y lidiar con el tráfico....a pararte en las filas para pagar en la caja...recortar cupones de descuento...o arrastrar bolsas pesadas de comestibles media milla por todo el estacionamiento (y no poder acordarte en dónde estacionaste tu carro)?

¿No crees que valdría la pena aprender acerca de este concepto revolucionario?

¿Qué pasaría si yo te dijera que hay una manera de iniciar tu propio negocio desde tu casa y que quienes lo han hecho han llegado a ganar desde un cientos de dólares al mes trabajando tiempo parcial...hasta miles de dólares trabajando tiempo completo?

¿No crees que valdría la pena aprender acerca de este concepto revolucionario?

Pues ese concepto está vivo y funcionando — y esperando a ser explotado por gente como tú y yo. Es el matrimonio entre el poder Prosumidor — ser más inteligente, no más barato, persuadir a otros a hacer lo mismo — complementado con el poderío y la conveniencia de la Internet.

Este concepto revolucionario es una combinación de lo que se le llama comercio por referencia y que ha funcionado por más de 50 años combinado con la rapidez y la eficiencia del comercio electrónico... Es un concepto que mi buen amigo Burke Hedges llama «Comercio de Referencia E» y está cambiando nuestra manera de vivir, como funcionamos y como podemos crear riqueza.

La Revolución del Comercio Electrónico de Referencia

El Comercio de Referencia E — es probablemente un concepto del cual tú no hayas escuchado antes. No dejes que esto te confunda. La Internet es un concepto del cual la gente no sabía nada hasta mediados del los 90s. Pero en menos de 5 años, la Internet se ha convertido en la fuerza principal del auge de la economía mundial y está creando más riqueza que cualquier otra industria en la historia de la humanidad.

Cuando tú haces un matrimonio entre la eficiencia, la velocidad, y el alcance del comercio electrónico con el poderío de ser prosumidor, tú creas un modelo de negocios revolucionario que puede generar millones de dólares, para millones de personas en el mundo, en las próximas décadas.

Ahora, aprendamos cómo este concepto revolucionario llamado «comercio de referencia e» te puede dar el poder para convertirlo en «mi-comercio de referencia» y hacer que tú obtengas lo que REALMENTE quieres en la vida.

¿Qué es lo que REALMENTE deseas en la vida?

Más tiempo por supuesto.

Y más dinero para disfrutar la vida.

Piénsalo — más tiempo y más dinero. Ahora, eso no es solamente un sueño hecho realidad... éste sería tu sueño hecho realidad.

CUARTA PARTE

MORESTORE.COM LA CONVERGENCIA ENTRE PROSUMIR Y EL COMERCIO ELECTRÓNICO

A medida que más y más negocios abren sitios en la Internet para comercio electrónico, están dependiendo más y más de las referencias para su expansión.

La convergencia de prosumir y el comercio electrónico da a luz a un concepto basado en la dinámica de referencia para la creación de riqueza y se conoce como «Comercio de Referencia E» un concepto que los expertos llaman:

«¡La Oportunidad del Nuevo Milenio!»

EL COMERCIO DE REFERENCIA Y EL PODER DE PROSUMIR EN ACCIÓN

Cuando tú estás en el lugar indicado –
las oportunidades caen del cielo.

Anónimo

Una fotografía de Babe Ruth llena la pantalla de la televisión mientras que el locutor dice: «Babe Ruth fue contratado por la cantidad de $125,000.»

Una foto de la naturaleza salvaje de Alaska aparece. El locutor dice:

«Seward compró Alaska a dos centavos cada acre.»

Una foto de la primera computadora del mundo aparece. El locutor dice:

«La primera computadora costó $485,744.02.»

Luego, la palabra «VALOR» aparece en la pantalla, seguida de una foto de un carro Mercedes Benz nuevo. El locutor dice:

«No se trata de la cantidad que tú pagas. Se trata de lo que tú obtienes a cambio.»

El comercial de televisión nos enseña un punto importante de lo que es el valor — es decir, el precio no es necesariamente sinónimo de valor. Comprar inteligentemente, no más barato significa que tú no tomas en cuento sólo el precio. Si nos hacemos la siguiente pregunta: «¿Qué recibo a cambio del precio que estoy pagando? Revelará el valor real de producto o servicio.

Por ejemplo, hay muchos carros mucho más baratos que un Mercedes Benz y que llevan a cabo la misma función, es decir, te lleva del punto A al punto B. Pero las personas que tienen un Mercedes Benz te dirán que reciben mucho a cambio por haber pagado más, cosas tales como: comodidad, estilo, valor de reventa, estatus, seguridad. Confiabilidad. Y así sucesivamente. El beneficio que los dueños de Mercedes Benz reciben supera el costo adicional, es por eso que los dueños de Mercedes Benz son leales a la marca.

¿Qué reciben a cambio los prosumidores?
Pasa lo mismo con cada compra que hacemos. «No siempre es lo que tú pagas. Es lo que tú recibes a cambio.» Piénsalo — cuando los consumidores

compran productos con descuentos, ¿qué reciben a cambio? Obtienen un pasivo que conforme el tiempo pierde más y más su valor. Es por eso que tú serás afortunado si alguien te paga $200 por tu sofá usado por el cual tú pagaste $2,000. Sofás, carros, ropa, y la mayoría de las cosas que compramos son pasivos que pierden su valor con el tiempo a diferencia de los activos que incrementan de valor con el tiempo, los pasivos pueden perder hasta más de la mitad de su valor en el momento que salen del almacén.

¿Ves lo que pasa cuando pensamos como prosumidores en lugar de pensar como consumidores? Prosumidores no solamente compran productos y servicios de su propia compañía sino que también tienen la oportunidad de ser dueños de su propio negocio, ganar más dinero y además ponerse en la posición de beneficiarse con las compras que otros hacen. Ellos crecen a manera que le enseñan a otros a hacer lo mismo.

Agregar valor a través de las referencias

Todos hemos escuchado la expresión: «Hoy por ti, mañana por mí.» En otras palabras, tú me ayudas a construir mi casa y yo te ayudo a construir la tuya. Tú me ayudas a ganar más dinero y yo te ayudo a ganar más dinero. El término en latín es *quid pro quo*, que significa algo a cambio de algo.

Pues bien, ese es el concepto detrás de prosumir — tú ayudas a la corporación a la cual estás asociado recomendado productos y servicios y la compañía lo recompensa a ti dándote mejores descuentos...o pagándote por cada referencia que haces...o ambas cosas. Tú no solamente obtienes el producto, tienes además la oportunidad de ser dueño de tu propio negocio y construir activos. La compañía gana tú también ganas.

La gente ha sido recompensada por las referencias desde que se inicio el comercio. Las referencias son una manera poderosa de hacer crecer los negocios. Por ejemplo: yo tengo un amigo que es dueño de una compañía de bienes raíces. Su compañía puede vender hasta 100 casas al mes. Lo que significa que cada uno de los nuevos propietarios estará en busca de una compañía de hipoteca para que le haga el préstamo...una compañía pequeña para que les ayude a cerrar el contrato...y una compañía de seguros para que les emita nuevas pólizas.

Supongamos que tú eres dueño de una compañía pequeña. ¿No tendría sentido pagarle a mi amigo, corredor de bienes raíces una pequeña cuota por los clientes te recomiende? Por supuesto que sí. Le tendría cuenta a mi amigo también. Se sentiría como el dueño de la mejor empresa pequeña de bienes raíces y finalizarían un buen contrato. A cambio de haber recomendado todos sus clientes a la compañía de seguro AAA, mi amigo recibió $50 por cada recomendación, lo que suma a más de $50,000 al año sólo por recomendar clientes de su compañía.

Lo bueno de este convenio de referencia es que todos salen ganando. El corredor de bienes raíces está contento porque él gana dinero solamente por referir a sus clientes a una compañía de primer categoría que provee los servicios necesarios. El dueño de la compañía pequeña está feliz porque gana más o menos $100 por cada nuevo cliente sin tener que pagar por publicidad. Y el cliente está feliz porque le han provisto con buen servicio a un precio razonable. Ese es el poder de la referencia — hay un valor agregado para cada persona involucrada en la transacción.

Un curso intensivo de Comercio de Referencia

A finales de 1940s, una compañía pequeña de vitaminas se dio cuenta que la mayor parte de su ventas eran por referencias – clientes satisfechos recomendaban las vitaminas a sus amigos y miembros de sus familias, quien a su vez, recomendaban las vitaminas a sus amigos y así sucesivamente.

Los propietarios tomaron una arriesgada decisión que estableció las bases para lo que se convirtió en una industria de $100 millones de dólares al año — ellos eliminaron el plan tradicional de mercadeo de la compañía y lo reemplazaron con el Comercio de Referencia. Un programa de mercadeo radical basado exclusivamente en honorarios por referencia.

Entre más clientes referían los clientes, más dinero podían ganar. No tomó mucho tiempo para que el poder prosumidor diera resultados. Los clientes entendieron rápidamente la sabiduría de ser un comprador inteligente, no un comprador barato, recomendando a otros los productos y oportunidades de negocio.

A medida que se expandía la base de clientes, las ventas de productos aumentaban, así como también el número de tasa de referencias. Algunos de los clientes/socios más emprendedores fueron capaces de generar suficiente ingreso de las referencias lo cual les dio la oportunidad de renunciar de su trabajo tradicional y ganarse la vida como prosumidores profesionales.

¡El Comercio de Referencia estaba en marcha!

En las siguientes cinco décadas, el Comercio de Referencia se expandió. Hoy en día, hay literalmente millones de personas alrededor del mundo asociadas con las compañías de Comercio de Referencia. El ser más inteligente, no más barato, y persuadir a otros a que hagan lo mismo, los socios del comercio basado en referencias están ganando desde cientos dólares hasta miles de dólares al mes — y a veces más.

Crecimiento exponencial 1+1=4

El principio que hace que el Comercio de Referencia sea un concepto tan explosivo y tan dinámico se llama: «Crecimiento exponencial,» y es la razón por la cual el Comercio de Referencia es la mejor oportunidad en el mundo para que la gente común pueda crear ingresos por encima de los ingresos promedio.

Una lección básica de matemáticas demostrará el poder del crecimiento exponencial. Todos sabemos desde la escuela primaria como funciona la simple operación matemática 1+1=2. Esta suma simple es un ejemplo de crecimiento lineal, que es el crecimiento en línea recta.

Por otro lado, el crecimiento exponencial crece en múltiplos de dos. Mientras que el crecimiento lineal puede ser representado con la ecuación 1+1=2, el crecimiento exponencial puede ser representado con la ecuación 1+1=4. Crecimiento exponencial, también conocido como «el concepto de duplicación» es mucho más dinámico que el crecimiento lineal. ¡Mientras que el crecimiento lineal se incrementa gradualmente, el crecimiento exponencial puede crear cifras gigantescas, al igual que ganancias gigantescas!

Cómo el Comercio de Referencia crece exponencialmente

En el Comercio de Referencia, el concepto exponencial funciona de la siguiente manera: 1+1=4 supongamos que un amigo te dice que pruebes un suplemento vitamínico distribuido por medio del Comercio de Referencia. Tú quedas satisfecho con los resultados — tú te sientes con más energía y bajas unas cuantas libras sin hacer tanto esfuerzo. Tú eres la prueba viviente de que el producto funciona y te sientes bien recomendando los productos de la compañía a tus conocidos.

Asumamos que con una semana de probar el producto, tú le hablas a una amiga acerca de la línea de productos y de la oportunidad de ganar un poco de dinero extra y ésta se une a ti en tu nuevo negocio basado en referencia.

La segunda semana, tú y tu nuevo socio de negocios duplican los esfuerzos — tú recomiendas el producto a otro amigo y la primera persona que se unió a ti también recomienda el producto a uno de sus amigos.

Al final de la segunda semana, tú has convencido a otra persona a que forme parte de tu negocio y tu amigo ha convencido a uno de sus amigos a que forme parte del negocio. Ahora tú tiene un total de cuatro personas en tu empresa basado en las referencias — tú...tus dos amigos...y el amigo de tu amigo.

¿Te das cuenta por qué digo que 1+1=4?

Si tú y el amigo que tú recomendaste siguen duplican sus esfuerzos semana tras semana, el tamaño de tu organización seguirá duplicando, ¡mes tras mes hasta que tu red llegue a tener miles! Y todo lo que tú hiciste fue recomendar los productos de la organización, agregar una persona cada semana y enseñar a los nuevos miembros a hacer lo mismo.

Ahora, veamos la parte emocionante del Comercio de Referencia. Porque tú fuiste la primera persona que recomendó los productos de la compañía a tu amigo, la compañía no sólo te hará un descuento en los productos que tu compres para consumo propio, sino además te pagará comisión por los productos que tu amigo compra...más la comisión de los productos que compran los amigos de tu amigo...y así sucesivamente.

Si en el transcurso de uno o dos años tu organización de referencias asciende a 100...ó

1,000 ó más, tú ganarías bonos de todos los productos que tu organización venda durante determinado mes. Teniendo en cuenta que no es poco común que la red de referencias llegue a tener miles – o incluso cientos de miles de clientes de referencia comprando millones de dólares de productos cada mes – no es de extrañar que miles de personas en todo el mundo hayan logrado independencia financiera.

El Comercio de Referencia y la mentalidad de los Prosumidores

¿Recuerdas mi definición de prosumir? — ser más inteligente, no más barato y convencer a otros a que hagan lo mismo. Bien, esa también es una definición perfecta para el Comercio de Referencia — ¡ser más inteligente, no más barato y convencer a otras a que hagan lo mismo!

Cuando tú prosumes en un negocio de Comercio de Referencia, tú te colocas a ti mismo en una posición para aumentar tus activos — en lugar de sólo disminuirlos — tú te colocas a ti mismo como dueño de tu propio negocio y creas riqueza mediante el depósito de cheques que ganas basado en el volumen de tus referencias en lugar de sólo girar cheques por productos y servicios.

Piénsalo. ¿No sería bueno tener más ingresos en lugar de tener sólo egresos cuando sales de compras? Ya que sí o sí, tú tienes que comprar productos tales como: bebidas energéticas, suplementos vitamínicos, bocadillos saludables, cosméticos, champú, productos de limpieza, ¿no tiene sentido comprar de una compañía que te va a recompensar por recomendar nuevos clientes?

Eso es exactamente lo que pasa cuando tú cambias tu manera de pensar de consumidor a prosumidor por medio del Comercio de Referencia — tú no solamente compras productos que quieres y necesitas, sino que además puedes ganar dinero cuando los miembros de tu red re referidos gastan dinero.

Comparte esta oportunidad con tus amigos

Yo me he dado cuenta que a la gente le gusta exagerar cuando habla de ofertas con las amistades. Nosotros nos decimos unos a otros dónde comprar gasolina más barata. Dónde comprar comestibles a precio más bajo. Dónde comprar los carros más baratos. Dónde comprar los boletos aéreos más baratos. La lista es interminable.

Si tú realmente quieres hacerle un favor a tus amigos, comparte el concepto de prosumir con ellos. Si tú quieres dar un regalos que sigue dando regalos, explícales cómo el consumir sustrae dinero de su cuenta bancaria mientras que prosumir añade dinero a su cuenta bancaria.

Velo de la siguiente manera. ¿Qué banco recomendarías a tus amigos? ¿El banco que te cobra la tarifa más baja por tu cuenta de cheques? ¿O el banco que te da un bono cada vez que alguien de tu red de referencias gira un cheque?

Si un amigo tuyo deposita en el segundo banco

y NO te dice nada porque «no quiere molestarte» ¿Cómo te sentirías? ¿Estarías contento con tu amigo por no causarte molestias? ¿O estarías molesto con él porque no te permitió entrar en el mejor negocio de la ciudad?

Lo mismo ocurre con la oportunidad del Comercio de Referencia. Es como si uno tuviera una cuenta en el banco de Comercio de Referencia. Si el bando de Comercio de Referencia abriera sus puertas es tu comunidad, ¿No te gustaría que uno de tus amigos te compartiera? ¿No les dirías a tus amigos y familiares acerca de este increíble banco, que a diferencia los bancos tradicionales, promueve una manera de GANAR dinero si tú recomiendas los servicios de dicho banco?
Por supuesto que lo harías — ¡para eso son los amigos!

¿Qué prefieres, volverte pobre lentamente?... ¿O rico rápidamente?

Consumidores, ¡tengan cuidado! Los grandes almacenes y las páginas web tal vez ofrezcan grandes descuentos, pero a la larga, no es lo que tú paga, sino lo que tú obtienes a cambio. ¿Qué podría ser mejor que obtener a cambio la oportunidad de ser dueño de tu propio negocio y ganar más dinero?

Tenemos que quitarnos de la cabeza esa mentalidad de consumidores que nos dice que lo barato es lo mejor. Lo barato no es necesariamente lo mejor. Cuando compramos barato empobrecemos lentamente. Pero cuando compramos inteligentemente, nos posicionamos a nosotros mismos — y a nuestros amigos — a ganar dinero rápidamente.

Ahora yo te pregunto, ¿Cuál de los dos preferirías ser? — ¿el que empobrece lentamente o el que enriquece rápidamente? ¡La respuesta es obvia!

Si tú estás pagando por productos y servicios y recomendándolos a otros pero no estás ganando dinero, pregúntate a ti mismo ¿Por qué?

La respuesta podría cambiar tu vida.

9

COMERCIO DE REFERENCIA-E: EL PODER DE PROSUMIR EN LA INTERNET

> *Todo mundo hace negocios directamente – para mí ese el poder de la Internet*
>
> -Michael Dell
>
> **Fundador y CEO de Computadoras Dell**

Desde el primer día, el Comercio de Referencia le ha dado la bienvenida a la tecnología con los brazos abiertos.

A diferencia de las industrias tradicionales que evitan el cambio a toda costa, el Comercio de Referencia siempre ha fomentado el cambio y la innovación. Los pioneros de la industria entendieron desde el inicio que sin los avances de la tecnología, el Comercio de Referencia nunca iba a alcanzar todo su potencial.

La llegada de las computadoras y su fácil acceso permitió que las compañías de de referencias no perdieran de vista las cambiantes y siempre constantes redes de referencia.

Tarifas económicas de llamadas de larga distancia permitieron que las personas recomendaran sus productos y expandieran sus negocios a través del continente en todo el mundo.

Dispositivos innovadores de comunicación tales como el fax...los teléfonos celulares... reproductores de audio y video hicieron todo más fácil y efectivo en términos de costo para que las personas comunes pudieran construir grandes y lucrativas organizaciones de referencias.

Cada vez que un producto innovador que permitía a las personas ahorrar tiempo salía al mercado, los socios de negocios de referencia lo acogían y lo ponían a trabajar.

A medida que la tecnología seguía creciendo, así también la industria del Comercio de Referencia.

La explosión de la Internet

Y de repente, aparentemente de la nada, el avance tecnológico más asombroso en la historia apareció en escena — ¡BUM! ¡LA INTERNET!

Al principio las compañías tradicionales no sabían qué hacer con esta cosa llamada Internet. Era tan, pero tan poco convencional. Las instrucciones no eran precisas. Tan abierta. Tan masiva. Tan rebelde.

Las compañías tradicionales se hacían tantas preguntas difíciles de contestar: ¿Cómo podemos llegar a provechar al máximo a velocidad de la Internet? ¿Cómo puede la Internet hacer más eficientes nuestros negocios? Y sobre todo, ¿Cómo podemos evitar que la Internet «canibalice» nuestras operaciones?

Por otro lado, las compañías de Comercio de Referencia con visión al futuro reconocieron inmediatamente que la explosión de la Internet era algo a lo que no se le tenía que tener miedo — ¡era algo a lo cual se debería de recibir con brazos abiertos!

Si los teléfonos celulares y los Fax podían hacer que la industria del Comercio de Referencia creciera dramáticamente, sólo piensa lo que la Internet podría hacer. El potencial para que las compañías basadas Comercio de Referencias pudieran crecer con el uso de la Internet no solamente era emocionante — era además alucinante.

El Comercio de Referencia E: El siguiente gran paso de la evolución-E del Comercio de Referencia
El experto en la industria y autor de tres éxitos de librería acerca del Comercio de Referencia Burke Hedges se inventó el término «referencia-e» para describir el «matrimonio» entre Comercio de Referencia y Comercio electrónico, además de atrevió a predecir acerca del futuro del comercio en la Internet:

La Internet está de moda en estos momentos. Donde quiera que vamos escuchamos hablar de Comercio-E... transacciones bancarias-E...comercio al por menor E...E por aquí...E por allá. Pero cuando el polvo de la cibernética se asiente, los más grandes ganadores serán las compañías off-line que hicieron la transacción exitosa a este nuevo medio on-line llamado Internet.

Las compañías de Comercio Referencial con su sistema de distribución tradicional ya están bien posicionadas y preparadas para hacer la transacción de los lugares tradicionales a los sitios de web. El Comercio de Referencia ha disfrutado de un crecimiento explosivo en los últimos cincuenta años, pero ese crecimiento va a quedar pequeño en comparación con el crecimiento de referencia del futuro.

Todo lo que se ha dicho y hecho, grandes descuentos de Comercio-E se ponen en marcha y continúan operando en la red — sitios web como Amazon. com — tal vez esté en las portadas de los periódicos. Pero las compañías de Comercio de Referencia (E-ferral) y sus socios prosumidores son quienes están teniendo ganancias.

Yo estoy de acuerdo con la evaluación que Hedges hizo acerca del Comercio por Internet.

Habrá una buena sacudida en la Internet en los próximos años, de la misma manera que ha ocurrido en cualquier industria nueva. El inversionista brillante Warren Buffett quiere recordarle a la gente que cuando la industria automovilística estaba arrancando, en la primera mitad del siglo veinte, había 3,000 compañías diferentes fabricando automóviles en los Estados Unidos. Hoy en día hay solamente tres. ¿Qué pasó con las otras 2,997 que no llegaron a tener éxito? Unas fueron compradas y las que no tuvieron suficientes ganancias se fueron a la quiebra.

Lo mismo va a suceder con la Internet, pero con más rapidez. Compañías van a ir venir y desaparecer a la velocidad de la luz. Las que no obtienen suficientes ganancias van a cerrar sus puertas. Esto es Capitalismo 101 — pocos ganadores y muchos perdedores.

La ventaja de prosumir

Yo enseñé mercadeo a nivel universitario durante casi veinte años, pero eso no significa que yo tenga una bola de cristal que me permita predecir cuales compañías de Comercio-E van a prosperar y cuales van a desaparecer. Pero lo que sí sé es — que las compañías de Comercio-E tendrán que hacer frente a dos grandes retos para sobrevivir: primero, tendrán que hacer algo para que sus clientes regresen; y segundo, tendrán que obtener una ganancia.

Por esta razón, las compañías de Comercio electrónico tienen tal ventaja en la Internet – los afiliados al negocio de prosumir tienen un incentivo para volver y traer sus clientes con ellos. Mientras más negocios refieren, más dinero ganan y si introducen el concepto a más afiliados, todos ganan. Esta es la ventaja número uno de prosumir.

La ventaja número dos es la lealtad a la marca. Muchas compañías basadas en el negocio de referencia ofrecen un producto único que sólo puede ser comprado por medio del socio de referencia. Así que, la lealtad a la marca es difícil de romper.

Mis padres por ejemplo, han manejado carros Buicks por 50 años. ¿Es Buick el carro más barato en el mercado? No. ¿Crees tú que mis padres van a usar otra marca sólo por ahorrarse mil dólares? ¡Ni locos! A ellos les gusta Buick y punto.

¿Por qué las compañías gastan miles de millones en una marca?

Las investigaciones muestran que la gente compra marcas porque confían en el producto y porque es mucho más fácil a la hora de tomar una decisión. Cuando mis padres van a comprar un carro nuevo, ellos van directamente al concesionario Buick. Ellos no tienen que atormentarse para tomar una decisión. Tampoco pierden el tiempo manejando otros carros para probar si son buenos. Y menos hacer una investigación exhaustiva. Mucho menos comparar precios.

Ellos simplemente miran los nuevos modelos en la sala de exposición del concesionario, escogen el color y el modelo que más les gusta, se sientan con el vendedor para ultimar los detalles de la venta y una hora más tarde ellos salen manejando un Buick nuevo. No hay nada más fácil que eso. Para mis padres, comprar marcas les ahorra tiempo, reduce la ansiedad y les ofrece comodidad y garantía en un mundo lleno de muchas opciones.

Es por eso que las compañías de referencia-e tienen tal ventaja en la Internet. Sus clientes siguen regresando mes tras mes porque a ellos les gustan los servicios y productos únicos que éstas ofrecen. En el súper-competitivo mundo de hoy, impulsado por grandes descuentos, la lealtad a las marcas es una clave para las compañías que quieren aumentar la cuota de mercado y las ganancias.

La marca es la razón por la cual Nike le pagó a Tiger Woods $40 millones de dólares para que usara el símbolo de Nike en su gorra y en su camisa cuando éste se convirtió en un jugador profesional de golf. ¿Vale la pena pagar esa cantidad de dinero sólo para que él promueva el logotipo de Nike? En la opinión de Nike...No. ¡Él valía más! Tres años más tarde, Nike rompió el contrato de Woods y lo renovó por un nuevo contrato de $100 millones de dólares.

Con el Comercio-e de Referencia, los dólares de la publicidad se usan para bonos

Las compañías de Comercio-E han entendido desde hace mucho tiempo el poderío de la marca. Pero en lugar de pagar a una súper-estrella 100 millones de dólares para que haga la publicidad, las compañías de Comercio de Referencia ponen ese dinero a disposición de sus socios prosumidores. Lo que significa que en lugar de pagarle 100 millones a una súper estrella para que refiera a una sola persona, las compañías dividen los cien millones para pagar bonos a personas comunes por haber construido su negocio en base a referencias.

Ese es el poderío del Comercio de Referencia-E — cada mes miles y miles de socios satisfechos comparten millones de dólares en bonos aprovechando el poderío de la Internet.

Ahora yo te pregunto... ¿preferirías comprar productos de la compañía deep-discount-dot-.com que gasta millones de dólares en publicidad ingeniosa o paga a una celebridad en un esfuerzo por adquirir más clientes? ¿O preferirías comprar productos on-line de una compañía de Comercio de Referidos que gasta muy poco en publicidad, pero paga comisiones a sus socios prosumidores?

¿Prosumir o no Prosumir? – esa es la gran pregunta

¿Quieres gastar tu riqueza comprando ofertas en sitios de comercio-e de alguien más? ¿O quieres crear riqueza refiriendo personas a un sitio de Comercio de Referencia? Recuerda la frase de Mercedes Benz, «No se trata de la cantidad que tú pagas, se trata de lo que tú obtienes a cambio.» Cuando te asocias a una compañía tradicional de Comercio de Referencia, tú obtienes a cambio la oportunidad de ser dueño de tu propio negocios de referidos y crear riqueza con la ayuda del «King Kong» del comercio, la Internet.

En la próxima década, miles de personas estarán compartiendo cientos de millones de dólares en comisiones gracias a las compañías de comercio electrónico. Todos alguna vez hemos recomendado un sitio de web a un amigo, y lo hemos hecho gratuitamente ¿No es así? Recomendar algo al alguien es fácil para nosotros. ¿O no? Es fácil contar a otros de algún producto nuevo que hemos adquirido la grata experiencia de comprar algo bueno, ¿no es así? Recomendar algo se nos hacer fácil. ¿Entonces tiene sentido construir nuestro propio negocio basado en las recomendaciones de los productos y servicios que usamos y disfrutamos en nuestro hogar? Claro que sí.

Una cosa es segura — ya sea que te decidas involucrarte o no involucrarte en la industria, el Comercio de Referencia-E va a ser una explosión en las próximas décadas y la gente común va a ganar millones de dólares en comisiones por recomendar a más gente. Eso es ser más inteligente no barato y convencer a otros a que hagan lo mismo.

Prosumiendo hasta conseguir independencia financiera

La solución para sacar a la gente de deudas y ayudarlas a crear riqueza duradera para sí mismo y sus familias no es prohibirles que sigan consumiendo... ¡es enseñarles a prosumir! Eso es sencillamente, sentido común.

Cada vez que me piden dar pláticas acera de cómo crear riqueza, con frecuencia yo doy inicio a mi plática con un chiste acerca del joven economista brillante y el sabio granjero. El chiste va manos o menos así:

El concejo de una pequeña ciudad del medio oeste de los Estados Unidos contrató a un famosos economista para que ayudara a solucionar los problemas financieros de la ciudad. El economista procedió a hablar por dos horas usando muchas palabras sofisticadas y teorías elevadas. La gente del pueblo escuchó cortésmente, pero no entendieron ni una sola palabra de lo que dijo el economista.

Al concluir el discurso un granjero sin preparación académica se paró, miró a la audiencia y resumió el discurso de dos horas del economista en esta inolvidable frase: «amigos y vecinos, lo que este hombre les ha estado diciendo es que si sus INGRESOS exceden sus INGRESOS, su MANUTENCIÓN será lo que les HARÁ CAER.

El granjero sin educación académica entendió que crear riqueza es una cuestión de sentido común y que no se «aprende en los libros.» Prosumir tiene que ver con el sentido común de la manera más simple – hacer compras de manera inteligente, no barato y convencer a otros a que hagan lo mismo.

Amigo, pregúntate a tí mismo: «¿Me gustaría que mis ingresos excedieran mis egresos?»

«¿Me gustaría tener la oportunidad de ganar más dinero, no solamente gastar dinero?»

«¿Me gustaría construir mi propio negocio y ganar bonos recomendando productos y servicios de calidad que la gente usa y necesita a diario?

¡El secreto de la riqueza no es dejar de consumir...es más bien, empezar a prosumir! millones de personas comunes alrededor del mundo están prosumiendo hasta conseguir libertad financiera por medio de Comercio de Referencia-e.

Pregúntate a ti mismo:

«¿Por qué no yo?»

«¿Por qué no ahora?»

10

HAZ UN CLIC Y VUÉLVETE RICO
¡EL FUTURO-E ES HOY!

La Internet no es un suplemento para las empresas. Es una manera de construir un nuevo negocio enorme.

- Summer Redstone
CEO de Viacom

El DotComGuy — supongo que era algo inevitable.Las películas *EdTV* y *El Show Truman* vinieron primero, esto no es sorprendente, ya que la realidad de hoy imita las películas, a diferencia de otros tiempos cuando las películas imitaban la realidad.

Era sólo cuestión de tiempo antes de que un DotComGuy «real» apareciera en el escenario.

El 1ro. de enero del año 2000, DotComGuy (antiguamente Mitch Maddox, muchacho de 26 años, gerente de sistemas de informática) entró a una casa vacía en Dallas trayendo consigo sólo una computadora portátil y un puñado de tarjetas de crédito. DotComGuy planeó que viviría on-line durante un año completo, durante este tiempo el iba a comprar todo lo que necesitaba por Internet, incluyendo comida, muebles y ropa.

DotComGuy podía tener visitas, pero éstas no podían traerle nada, ni artículos ni regalos y él no podía salir más allá del patio de la casa.

Sus patrocinadores esperaban crear conciencia del significado de los sitios de web transmitiendo las 24 horas un video de la nueva vida on-line de DotCom.Guy. Docenas de cámaras digitales fueron colocadas por toda la casa.

«Nuestra visión es que los nuevos compradores on-line vayan a nuestro sitio de web para aprendan cómo usar el comercio electrónico,» dijo Maddox. Una de las primeras cosas que Maddox compró on-line fue champú, papel higiénico, artículos de limpieza, comestibles y comida preparada.

«Ciertamente nosotros no recordamos que haya habido gente que se haya encerrado para no tener contacto con el mundo,» dijo Len Critcher, presidente de DotComGuy Inc. «pero nosotros vamos a demostrar que sí se puede hacer.»

Bueno, ¿y de qué manera Doy.Com.Guy iba a ganar dinero para pagar todas sus facturas en comercio electrónico? Sus patrocinadores le pagarían 24 dólares al mes y le duplicarían la cuota cada mes como incentivo para que permaneciera en la casa. No es mucho dinero ¿O sí? Pero recuerde — los 24 dólares que le van a pagar a DotComGuy crecen exponencialmente. Al final de este capítulo, haremos los cálculos matemáticos — y verás que después de todo DotComGuy no estaba tan chiflado como parece.

Después de todo, es un mundo conectado

Como he dicho anteriormente, era inevitable que la Internet diera a luz a DotComGuy o DotComGirl hoy en día la gente es capaz de hacer cualquier cosa para llamar la atención. La historia de DotComGuy nos enseña dos lecciones importantes a medida que entramos al siglo XXI.

Lección UNO: *La Era de la Internet ya no es algo que pasará en el futuro.* La Era de la Internet ya está aquí. Hoy. En este mismo momento. Claro que ésta tendrá cambios, se transformará y crecerá en la próxima década. Pero no te equivoques, la Internet es tan poderosa y tan penetrante, hoy, literalmente millones de personas podrían trabajar y vivir on-line sin tener que dejar la comodidad de su hogar. Parafraseando a Yogi Berra, «El futuro está más cerca de lo que estaba.» La verdad es que el futuro es ahora.

Lección DOS: *De una u otra manera todos somos DotComGuys of DotComGirl.* El mundo está conectado y cada día miles de personas nuevas se conectan. Si tú no estás navegando el día de hoy, lo harás mañana. Mil millones de personas alrededor del mundo tienen acceso a la Internet. Eso significa que una de cada seis personas en el mundo están interconectadas por medio de la Internet. Las posibilidades son infinitas.

Convirtiendo DotComGuy and DotComGirl en Prosumidores

Si los DotComGuys estuvieran afiliados con la compañía correcta de Comercio de Referencia-E, ellos no solamente podrían ordenar productos on-line para uso personal y pedir que hagan la entrega en la puerta de su casa, sino también podrían recomendar sus amigos y conocidos al sitio de web y ganar bonos por todas las compras que éstos hagan — sin tener que salir de su casa.

¡Qué buen concepto — haz un clic y vuélvete rico!

Como puedes ver, así es el poder del Comercio de Referencia-E — es prosumir en la Internet.

Robert Stuberg, autor de Los Doce Secretos de la Riqueza, dice que la clave de la riqueza es que reevalúes tus hábitos de consumo. Su consejo, que realmente es sentido común, suena como prosumir en acción:

Lo que tú realmente deberías hacer, es ver cada compra que haces como una inversión. Tomar en cuenta este consejo en tus hábitos de consumo hará mucho más para incrementar tus ahorros y tus ingresos y de esta manera acumularás riqueza más rápido que nunca.

Stuberg entiende que invertir dinero produce ganancias, mientras que usar el dinero en pasivos produce pérdidas. Prosumir te permite poner en práctica el consejo de Stuberg. Cuando tú comienzas a prosumir con una compañía de Comercio de Referencia, tú comienzas a ver cada compra que haces como una inversión. ¿Por qué? Porque tú quieres tener una experiencia personal con los productos que estás usando y así recomendarlos a otros. Mientras más te conviertes en el «producto de un producto» más aprenderás los beneficios de dicho producto y podrás explicar los beneficios de otros.

Warren Buffett, apodado por la revista Fortune en el 2008 «el hombre más rico del mundo,» se toma cinco Coca-Colas al día. Él ni siquiera considera la idea de tomar otra clase bebidas. ¿Por qué? Es muy simple — porque él es el mayor accionista individual de Coca-Cola y miembro del consejo de administración. Claro que él disfruta el sabor de la Coca-Cola, pero como una persona de negocios inteligente, él entiende también la importancia de la lealtad a dicho producto y el poder del apoyo personal.

Un millón más de MoreStores.net (TiendaMÁS)

Bueno, ahora supongamos que tú ves la sabiduría en afiliarse con una compañía de Comercio de Referencia on-line. Cuando tu empresa de referencia se hace su traslado para on-line, tu negocio de Comercio de Referencia evoluciona y se convierte en Comercio de Referencia-e. Si tu negocio off-line basado en referencias es conocido como More Store (Tienda MÁS), del cual hablamos en la introducción, entonces tu negocio on-line de Comercio de Referencia-E se convertirá en MoreStore.net (TiendaMÁS). Tú puedes disfrutar de todas las ventajas de prosumir, junto con todas las ventajas del comercio electrónico.

Así como DotComGuy, hay ciertas cosas que tú y todos los demás tienen que consumir mes tras mes. Probablemente lo primero que DotComGuy compró por Internet, es lo mismo que tú compra cada mes — champú, papel de baño, productos de limpieza, suplementos nutricionales y comida saludable.

Pero a diferencia de Dot.Com.Guy, tú estarías comprando los mismos productos en MoreStore. net (TiendaMAS). Hacer compras online de manera inteligente, recomendar los mismos productos y enseñar a otros a que hagan los mismo podría ser de gran beneficio ya que tú podrías ganar bonos y crear riqueza mientras ayudas a tus amigos y los amigo de tus amigos a crear riqueza.

¡Haz un clic y vuélvete rico!

El perdedor obtiene los mismos premios que el ganador

Hacer compras online ofrece dos grandes ventajas para los consumidores — conveniencia y precios bajos. Pero también tiene dos grandes desventajas — conveniencia y precios bajos «¿Qué dijiste?» pensé que habías dicho que conveniencia y precios bajos era una ventaja. Y luego dices que son desventajas. Decídete pues...

Tú leíste bien la primera vez — conveniencia y precios bajos son TANTO ventaja como desventaja. Déjame explicarte.

La Internet está en su infancia. En poco tiempo, la Internet se unirá con tu TV, tu teléfono celular y cada uno de los aparatos eléctricos de tu casa. En pocos años cuando camines frente a tu refrigerador, éste anunciará, «necesitas mantequilla, huevos y leche. ¿Deseas que haga el pedido?»

Dentro de poco tú encenderás la televisión y si te gusta el traje que lleva puesto uno de los actores, tú podrás hacer un clic sobre el actor y un pequeño cuadro en la pantalla de la televisión te indicará la marca y el precio de la mercancía. Esto será posible debido a que tu talla, tu dirección y tu tarjeta de crédito estarán almacenadas en una base de datos digital y todo lo que tú tienes que hacer es escoger el color de tu preferencia. Al día siguiente, la mercancía será entregada en la puerta de su casa. ¡Eso sí que es comodidad!

Sólo hay problema. ¡Es muy conveniente! La Internet hace que gastar sea más fácil que nunca...y la tecnología está mejorando, comprar se hace más fácil, y fácil y mucho más fácil, lo que significa que tus gastos se irán para arriba, para arriba y más para arriba.

¿Recuerdas la lección que aprendimos del anuncio de Mercedes Benz? «No siempre es lo que tú pagas. Es lo que tú recibes a cambio.» Si los consumidores pueden hacer un clic sobre un personaje que aparece en la pantalla de la TV y comprar un traje, ¿Qué recibirán a cambio? Solamente pasivo que disminuye su valor conforme el tiempo. ¿Correcto?

Cuando los consumidores caminan frente al refrigerador y ordenan huevos, mantequilla y leche, ¿Qué reciben a cambio? Ellos reciben productos que una vez consumidos, se deterioran y que tienen un valor de 0. ¿Correcto?

¡Compradores tengan cuidado! Los consumidores online pueden pensar que están obteniendo buenos precios y mucha comodidad, pero ¿Qué están obteniendo a cambio? Lo único que consiguen es una cuenta de banco con menos dinero. Más pasivos. Menos activos. ¿Ahora entiendes por qué te digo que la conveniencia y los precios bajos pueden ser una desventaja?

El crecimiento del Comercio Electrónico me recuerda de una tira cómica escrita e ilustrada por Robb Armstrong, creador de la serie titulada Jump Start. Esta tira cómica se está burlando del muy popular programa-juego ¿Quién quiere ser millonario? (Who wants to be a millionaire?)

En la primera escena aparece una pareja de esposos que están viendo un programa de TV de make-believe (fantasía). El anfitrión anuncia «¿Quién quiere estar endeudado hasta el cuello?»

En la siguiente escena la esposa dice, «Es un nuevo programa-juego basado en la realidad.»

En la última escena hay un cruce de palabras más o menos así:

La esposa: «El ganador se lleva una tarjeta de crédito con un límite de crédito enorme al 26% de interés.»

El esposo: «He oído acerca de este programa, el perdedor obtiene el mismo premio.»

Lo mismo ocurre cuando se hacen comprar por Internet. Los ganadores y los perdedores del Comercio Electrónico se llevan el mismo premio – conveniencia y precios bajos. Lo que significa que el Comercio Electrónico puede ser una bendición, pero también puede ser una maldición, depende de lo que la gente escoja, gastar dinero consumiendo o ganar dinero prosumiendo.

La ventaja de prosumir

Amigos, si ahora parece que tu dinero sale volando de tus bolsillos, espera unos años. «¿Has escuchado la frase «una sociedad sin dinero en efectivo?» Bueno, esta sociedad está a la vuelta de la esquina y hará que gastar sea más fácil que nunca.

¿Te has puesto a pensar por qué los jugadores en Las Vegas tienen que convertir sus billetes en fichas de plástico? Porque psicológicamente, un montón de fichas de plástico con un valor de $1000 se percibe como algo de menos valor que si tenemos un manojo de billetes. Es mucho más fácil lanzar una ficha a la mesa de la ruleta que sacar un billete de $1000.

Lo mismo ocurre con las tarjetas de debito y de crédito. Están hechas de plástico. Psicológicamente, no son dinero real. Es por eso que es más fácil comprar mercadería con tu tarjeta. Psicológicamente, las cosas que compras con tu tarjeta de crédito, son «gratis» — es decir éstas son «gratis» hasta que el estado de cuenta de tu tarjeta de crédito aparece en el buzón. Es aquí donde se convierte en realidad.

El punto es que, la Internet hará que tus compras sean más fácil en los próximos años, es muy crucial que tú te veas a ti mismo como prosumidor en lugar de verte a ti mismo como consumidor. Vamos a estar comprando más y más cosas en la Internet en los próximos años. Ya que de todos modos vamos a estar gastando dinero en la Internet, ¿no tendría sentido asociarnos con alguna compañía de Comercio de Referencia y ganar dinero al mismo tiempo que gastamos dinero?

¿No tendría sentido crear riqueza comprando inteligentemente online y recomendando a otros a que hagan lo mismo?

¿No tendría sentido invertir en nuestro propio negocio comprando productos y servicios en MoreStore.net (TiendaMÁS), en lugar de crear riqueza para los dueños y accionistas de Their-Mart.com (SU-Tienda)?

¿Qué significa la «e» en el Comercio de Referencia e?

Como ya hemos mencionado anteriormente, el Comercio de Referencia e es una unión entre

Comercio de Referencia y Comercio Electrónico. La «e» en Comercio e significa electrónico, como la velocidad de la luz. Pero cuando tú combinas Comercio Electrónico y Comercio de Referencia e, se convierte en algo tan poderoso y dinámico como la electrónica. Esa palabra es exponencial. Y el factor exponencial es lo que separa el Comercio de Referencia e de otro tipo de comercio.

Para entender mejor el poderío del crecimiento exponencial volvamos a analizar a DotComGuy. ¿Te recuerdas cómo le pagaban? Él recibía $24 al mes y le duplicaban por cada mes que permanecía en la casa. Pues bien, exceptuando los países en desarrollo, $24 no es un salario alto. Cuanto le duplicaron a $48 el segundo mes, luego $96 el tercer mes, DotComGuy todavía ganaba menos del salario mínimo.

Pero mira que pasó con el tiempo. A finales del séptimo, DotComGuy ganaba $1,536. A finales del octavo mes él ganaba $3,072. El noveno mes él empezó a ganar mucho más — $6,044. El décimo mes él ganó $12,288. El onceavo mes él ganó $24,576. Y el doceavo mes él ganó $49,152 — por un mes de trabajo. Al hacer los cálculos matemáticos, el ganó un total de $89,280.

Lo que tú acabas de ver es el poderío del crecimiento exponencial en acción. Como puedes ver, el crecimiento exponencial tiene más y más poder con el tiempo. La ganancia de DotComGuy a corto plazo es pequeña, así también en el Comercio de Referencia-E. ¡Pero la ganancia a largo plazo es enorme!

DotComGuy estaba haciendo la misma clase de trabajo tanto el mes doceavo como el primer mes — ¡pero le pagaron 2,000 veces más! ¿Por qué? Porque así funciona la Ley del Interés Compuesto.

Así es el poder del crecimiento exponencial — el esfuerzo no da muchos resultados al inicio, pero con el tiempo, esos mismos esfuerzos, combinados con los de todas las personas de tu organización, tienen el potencial de producir enormes ganancias día tras día, mes tras mes, año tras año.

Eso sucede cuando la gente aplaza sus ganancias a corto plazo y está a favor de las inversiones a largo plazo. Y eso es lo que sucede cuando la gente construye una organización basada en referencias haciendo compras de manera inteligente, no barata y persuadiendo a otros a hacer lo mismo.

Esa es la razón por la cual digo que «e» en Comercio de Referencia significa dos palabras a la vez, electrónico y exponencial. Pero miles de personas promedio alrededor del mundo están descubriendo que la «e» tiene un tercer significado — entusiasmo. Ya que ENTUSIASMO es lo que sienten los socios del Comercio de Referencia cuando reciben el cheque mensual.

Electrónico...exponencial...y entusiasmo. Si deseas agregar esas tres palabras a tu vida, tú necesitas investigar el Comercio de Referencia e, ya que es una oportunidad que muchos expertos llaman «la oportunidad del Nuevo Milenio.»

CONCLUSIÓN

¡NO PIDA UN DESCUENTO EN TUS SUEÑOS!

Somos músicos y soñadores de sueños...nosotros somos quienes movemos y sacudimos el mundo, por lo menos eso parece.

- Arthur O'Shaughnessy,

From Ode

La historia que estoy a punto de contarte es verídica. Contiene un poderoso mensaje que puede transformar tu vida y las vidas de aquellas personas que tú más aprecia. La historia va así:

Años atrás un ministro y su esposa viajaban a través de las zonas rurales de Tennessee. Ellos se detuvieron en un restaurante a cenar. Un hombre entró al restaurante. Todos los clientes parecían conocerlo. El fue de mesa en mesa saludando a todo el mundo y ellos obviamente parecían encantados de recibir su atención.

El hombre se paró junto a la mesa de ministro y cuando descubrió su profesión, se sentó y compartió una historia sorprendente.

«Cuando yo era un niño» comenzó en hombre «yo crecí no muy lejos de este restaurante. Mi madre no estaba casada cuando yo nací. En un pueblo tan pequeño como Tennessee, una cosa así generaba mucho chisme y resentimiento. La gente trató a mi mamá cruelmente, ridiculizándola y excluyéndola de la sociedad.

«Cuando yo era niño, recibí el mismo trato. En la escuela se burlaban de mí y me rechazaban. Yo no tenía amigos. Como resultado, me aislé más y más cuando crecí.

«Un día, cuando tenía casi doce años, un nuevo ministro llegó a la ciudad. La gente decía que él era un predicador dotado...que él podía liberar a la gente de demonios. Hablaban tan bien de él que tuve que ir a verlo por mí mismo.

Semana tras semana iba a la iglesia a escuchar este estupendo predicador. Sin embargo, siempre me aseguraba de salir antes que el servicio terminara. Yo podía escuchar a la gente cuchichiando cuando yo entraba, yo sabía que ellos estaban pensando '¿qué hace un muchacho como ese en la iglesia?' yo no quería que ellos tuvieran la oportunidad de decírmelo en mi cara.

«Pero una semana el sermón fue tan bueno, tan fascinante, que se me olvidó salir temprano.

De repente se terminó el servicio. Para mi sorpresa y terror, el pastor vino directo a mi banca y me habló.

«¿Hijo de quién eres?» preguntó él.

La congregación se congeló. De repente la iglesia estaba tan callada como si hubiera sido una tumba. Yo estaba tan avergonzado que todo lo que pude hacer fue bajar la mirada. A penas podía respirar.

«El predicador comprendió de inmediato que había cometido un error. Sin vacilar, él sonrió de oreja a oreja, enderezó los hombros y anunció en voz alta, tan alta que toda la audiencia podía escuchar: «Ah, yo te reconozco. El parecido es inconfundible. Tú eres un hijo de Dios. ¡Él debe de estar muy orgulloso de ti!»

La voz del hombre se quebró un poco al final de la historia. Pero respiró profundo y terminó la historia con estas palabras:

«Ese día mi vida cambió. Me dio tal confianza. De hecho, me convertí en un político bastante exitoso.»

El hombre se disculpó y se dirigió a la salida, dando palmadas a algunos de los presentes y dando la mano a otros.

Cuando la mesera llevó la cuenta, el ministro le preguntó si ella sabía algo del hombre amable que acababa de salir.

«Sí. ¿Por qué? Todos conocen a Ben Walter Hooper. Él es el ex gobernador de Tennessee.»

¿No es esta una historia maravillosa? Muestra el poder del pensamiento positivo y afirmación. Una vez Hooper cambió su forma de pensar, él cambió su vida. En lugar de decirse a si que no era digno por ser hijo ilegítimo, comenzó a decirse a sí mismo que era tan útil como cualquier otra persona porque él era hijo de Dios. Ese simple pero dramático cambio en su forma de pensar lo llevó a la mansión del gobernador. ¡Increíble!

Cambia tu manera de pensar y cambiarás tu vida

Amigo, tú también puedes cambiar la dirección de tu vida cambiando tu forma de pensar. En este libro yo te he informado acerca de una oportunidad grandiosa llamada prosumerismo con la esperanza de que con mi mensaje tú cambies tu manera de pensar en cuanto a productos y ganancias.

Mi meta al escribir este libro es persuadir a la mayoría de los lectores a cambiar su mentalidad de consumidores por mentalidad de prosumidores. Ojalá tú seas uno de los lectores que entiende el poderío de prosumir.

Pero para crear la riqueza que tú te mereces y vivir la vida a su máximo potencial, tú necesitas cambiar algo más en tu manera de pensar – un cambio más grande. Tú necesita cambiar la forma de pensar sobre ti mismo, de la misma manera que Walter Hooper cambió la manera de pensara de si mismo.

Como puedes ver, yo solía pensar que la gente evita el cambio e ignora las oportunidades porque tienen miedo al fracaso. Y sí, mucha gente evita el cambio por es razón.

Pero a medida que me he vuelto más viejo y más sabio, me he dado cuenta que la gente tiene más miedo al éxito que al fracaso. La gente que le tiene miedo al éxito, evita el éxito, o aun peor, sabotean el éxito porque ellos piensan que no son dignos.

Nosotros somos condicionados a sentirnos indignos

Así como el muchacho de la historia, todos nosotros estamos condicionados a sentir que no somos dignos. Nosotros internalizamos la crítica que escuchamos. Creemos en las limitaciones que la gente nos asigna. Como resultado, todos llevamos un niño retrasado dentro de nosotros, no importa que edad tengamos. Y con demasiada frecuencia, ese niño que llevamos en nuestro interior nos recuerda una y otra vez que no somos dignos.

Nosotros hemos sido condicionados desde nuestro nacimiento a creer que debemos de poner un límite a nuestras ambiciones porque somos dignos de poco, no de mucho.

Hemos sido condicionados a creer que somos dignos de ser empleados, no dueños de nuestro propio negocio.

Hemos sido condicionados a creer que somos dignos de ganar un sueldo cómodo, pero no independencia financiera.

Hemos sido condicionados a creer que somos seguidores, pero no líderes.

Hemos sido condicionados a creer que somos dignos de retirarnos a los 65 años, pero no a los 45.

Hemos sido condicionados a creer que somos dignos de tomar un trabajo, pero no ha aprovechar la oportunidad.

Hemos sido condicionados a creer que somos dignos de vivir con sueños pequeños, pero no a vivir grandes sueños.

Yo digo «¡Tonterías!» ¡No pidas un descuento en tus sueños! ¡No te subestimes! Tú eres digno de tener éxito...Tú eres digno de tener independencia financiera...Tú eres digno de ser líder...Tú eres digno de tener tu propio negocio...Tú eres digno de vivir grandes sueños. ¿Sabes por qué?

Por lo siguiente: Yo te reconozco. Tu parecido es inconfundible. Tú eres un hijo de Dios. Él debe de estar muy orgulloso de ti.

Tú mereces esta oportunidad
Mi gente, no postergues más ni eches esta oportunidad a la basura, ni la pongas de bajo de la alfombra sólo porque piensas que no la mereces. No ignores el mensaje de este libro sólo porque piensas que no eres digno de los beneficios del Comercio de Referencia e te ofrece.

Esta oportunidad es real. Está creciendo tan rápido y va a ser tan grande como la Internet.

Miles de personas comunes y corrientes que han cambiado su manera de pensar están construyendo negocios de referidos mundialmente y ganando bonos significativos por sus esfuerzos. Por primera vez en sus vidas, miles de personas se están dando cuenta que el éxito y la independencia financiara no está reservada para otros. El éxito está disponible para cualquiera que se toma el tiempo de hacer compras de manera inteligente, no barata.

Millones de personas de mente abierta han cambiado sus hábitos de consumo...han cambiado también su forma de pensar. Como resultado, han llegado a sentirse orgullosos de sus logros...orgullosos de ser dueños de su propio negocio...orgullosos de haber encontrado una nueva manera de prosperar...orgullosos de haber descubierto y aprovechado esta oportunidad.

Sigue adelante — siéntete orgulloso. Alcanza el anillo de bronce. Tú eres digno. Yo te desafío a que cambies tu manera de pensar y aprendas más acerca de la oportunidad que te ofrece el Comercio de Referencia-E. Te desafío a que cambies tu vida mediante la compra online de tu propio negocio de Comercio de Referencia-E y que recomiendes a otros a que hagan lo mismo.

Siempre recuerda esto: No importa lo que pase en tu vida, tú ere un hijo de Dios.

¡Seguramente Él está muy orgulloso de ti!